Rafael Capurro

Leben im Informationszeitalter

Rafael Capurro

Leben im Informationszeitalter

Akademie Verlag

Abbildung auf dem Einband:
Bill Viola: Video-Installation 1989 »The City of Man«
Mit freundlicher Genehmigung des ZKM/Zentrum für Kunst und Medientechnologie Karlsruhe,
Museum für Gegenwartskunst.
Foto: Kira Perov

Die Deutsche Bibliothek – CIP-Einheitsaufnahme
Capurro, Rafael:
Leben im Informationszeitalter / Rafael Capurro – Berlin :
Akad. Verl., 1995
   ISBN 3-05-002716-9

© Akademie Verlag GmbH, Berlin 1995
Der Akademie Verlag ist ein Unternehmen der VCH-Verlagsgruppe.

Gedruckt auf chlorfrei gebleichtem Papier.

Das eingesetzte Papier entspricht der amerikanischen Norm ANSI Z. 39.48 – 1984
bzw. der europäischen Norm ISO TC 46.

Alle Rechte, insbesondere die der Übersetzung in andere Sprachen, vorbehalten. Kein Teil dieses
Buches darf ohne schriftliche Genehmigung des Verlages in irgendeiner Form – durch Photokopie,
Mikroverfilmung oder irgendein anderes Verfahren – reproduziert oder in eine von Maschinen, insbesondere von Datenverarbeitungsmaschinen, verwendbare Sprache übertragen oder übersetzt werden.
All rights reserved (including those of translation into other languages). No part of this book
may be reproduced in any form – by photoprinting, microfilm, or any other means – nor transmitted or
translated into a machine language without written permission from the publishers.

Satz: deutsch-türkischer fotosatz, Berlin
Druck: GAM Media GmbH, Berlin
Bindung: Verlagsbuchbinderei D. Mikolai, Berlin

Printed in the Federal Republic of Germany

Ich möchte all jenen Freunden, Lehrmeistern, Studenten und Kollegen, die mich durch die folgenden Denkpfade begleitet haben, herzlich für Ermunterungen und Einwände danken. Viele von ihnen kommen in diesem Buch namentlich vor, so daß ich auf eine Aufzählung an dieser Stelle verzichten kann.

Das Buch widme ich von Herzen meiner Frau Annette.

Inhaltsverzeichnis

Einleitung 9

Erstes Kapitel
Von der Technokratie zur Lebenswelt 13
   Perspektiven der Lebenswelt 13
   Die Maske des Technozentrismus 15
   Spreng-Satz 18

Zweites Kapitel
Praktiken der Selbstformung 22
   Auf der Suche nach einer alten Lebenskunst 22
   Von den geistigen zu den geistlichen Übungen 29
   Von der Asketik der Aufklärung zur integrativen Ethik ... 33

Drittes Kapitel
Informationsgesellschaft und Technologien des Selbst im Widerstreit 37
   Der dialektische Schein der Informationsgesellschaft 37
   Zynische oder kynische Vernunft? 41
   Bennys Video 45

Viertes Kapitel
Homo informaticus 51
   Das Paradigma der klassischen Informatik 51
   Die Informatik als hermeneutische Disziplin 58
   Tugendethik im Informatik-Handeln 62

Fünftes Kapitel
Information als Kapital 68
   Das Dilemma der Neokybernetik 68
   „Wertformanalyse" und Informationsanalyse 70
   Die artifizielle Unterwanderung der Interpretationsgemeinschaft 72

Sechstes Kapitel
Geistermythologie im technischen Gewand 78
    Der Traum von höheren künstlichen Intelligenzen 78
    Ein Grinsen ohne Katze 84
    Die Verantwortbarkeit des Denkens 92

Siebtes Kapitel
Genealogie der Information 97
    Weisen der Mitteilung in Antike und Mittelalter 97
    Das Erbe der Aufklärung 110
    Am Anfang der GOLEM-Galaxis   112

Literaturverzeichnis 115

Quellenverzeichnis 121

Sachverzeichnis 122

Verzeichnis der griechischen Begriffe 129

Verzeichnis der lateinischen Begriffe 130

Personenverzeichnis 132

Einleitung

Wenn denn nun gefragt wird: Leben wir jetzt in einem *informierten* Zeitalter? so ist die Antwort: Nein, aber wohl in einem Zeitalter der *Information*. Diese Paraphrase von Kants Diktum läßt sich folgendermaßen fortsetzen: Eine wesentliche Voraussetzung auf dem Weg zu einem informierten Zeitalter ist bereits gegeben, nämlich eine zugleich offene, interaktive, verteilte, billige, leistungsfähige, kompatible, fehlertolerante, multimediale, benutzerfreundliche – und wie die Werbeslogans alle lauten – Informationstechnik. Es sieht so aus, als ob wir im Informationszeitalter alles daran setzen, um uns unseres eigenen Verstandes, sprich unseres eigenen PCs, zu bedienen. Es fehlt aber noch eine Kleinigkeit (*smikron*), würde Sokrates sagen. Um sie geht es in diesem Buch.

Ein Titel wie *Leben im Informationszeitalter* weckt vielleicht hohe Erwartungen, zumal, wenn unter Leben nicht nur das, was wir hier und heute sind, gemeint ist, sondern auch das, was wir waren und sein können. Ein unendliches Thema also. Ein Thema für unendliche Dialoge, wovon die hier vorgetragenen Gedanken, denen der Leser, wie man früher sagte, mit Nachsicht beggnen möge, nur Fragmente darstellen. Sie sind aus verschiedenen Gesprächen und Diskussionen mit Freunden, Studenten, Kollegen und Bekannten entstanden und teilweise auch mündlich oder schriftlich mitgeteilt worden (vgl. Literatur- und Quellenverzeichnis). Sie bilden keine geschlossene Einheit, sondern sind Versuche, *essays,* die allerdings mit jener Kleinigkeit zu tun haben. Daher auch meine Absicht, sie in *einem* Band zusammenzustellen, einem Band, der als Knotenpunkt für aus unterschiedlichen Richtungen kommenden und in unterschiedliche Richtungen führende Denkpfade fungiert.

Diese Denkpfade sind zunächst die des Autors, will sagen, der Autor versteht sich als Kreuzung und nicht als fester Standpunkt. Dieses lehrt nicht nur die Hermeneutik mit Bezug auf die Produkte der „Gutenberg-Galaxis" (McLuhan 1968), sondern auch die Erfahrung der elektronischen Vernetzung im Informationszeitalter.

In diesem Buch fließen unterschiedliche Strömungen zusammen, die um die Frage nach der Offenheit und Abgründigkeit menschlichen Existierens kreisen. Daß menschliches Existieren einer abgründigen Weite ausgesetzt ist, die wir deshalb nicht gänzlich aufklären können, weil wir weder von unserer Faktizität noch vom Faktum, *daß alles ist und nicht viel mehr nicht ist,* restlos Rechenschaft ablegen können – dieser Gedanke gehört zum Kern vieler großer Denktraditionen. Dies zum Ausdruck bringen zu können, verdankt der Verfasser einer langjährigen Schulung im Denken Martin Heideggers durch Freunde und Lehrmeister. Zu diesen zähle ich in Dankbarkeit vor allem den argentinischen Philosophen und Theologen Juan Carlos Scannone SJ (Capurro 1991b).

Diesem Dank möchte ich auch eine kleine *confessio philosophi* hinzufügen: Ich verdanke nicht zuletzt der eigenen Klostererfahrung die Möglichkeit des Nach-Vollzugs einer Einsicht, die, wie in anderen Bereichen auch, nicht durch Theoretisieren und Argumentieren ersetzt werden kann und die in der folgenden altchinesischen Geschichte zum Ausdruck kommt. Auf die Frage des Kaisers Wu-ti: „Was ist der erste Sinn der heiligen Wahrheit?" gab der Boddhi Dharma folgende Antwort: „Offene Weite. Nichts Heiliges!"[1]

Heideggers Denkwege führen ins Paradoxon, daß wir, um jene Kleinigkeit wahrzunehmen, vom Menschen weg in den Abgrund schauen und uns im Kreise drehen müssen, so daß uns dabei schwindlig wird: „Aber wo die größte Gefahr des Schwindelns ist, da ist auch die höchste Möglichkeit der Echtheit des Denkens und Fragens. Das Bedürfnis für diese Echtheit zu wecken und wachzuhalten ist der Sinn des Philosophierens" (Heidegger 1977: 431).[2] Wo es bei Wittgenstein heißt: „Wovon man nicht sprechen kann, darüber muß man schweigen" (Wittgenstein 1984: 7), lernt man bei Heidegger und auch beim späten Wittgenstein, daß es abgründige Sachverhalte gibt, wie zum Beispiel die Sprache, von denen wir nicht *darüber*, wohl aber *davon* im dialogischen Übergang des einen zum anderen sprechen können (Heidegger 1975). Ich nenne die Heideggersche Einsicht in die offene Mitte menschlichen Existierens in Anklang an Leibniz' *Satz vom Grund* den *Satz vom Ab-Grund* (Heidegger 1971). Dieser Satz ist keine bloße theoretische Aussage über einen objektiv nachprüfbaren Sachverhalt, sondern er ist, wie alle philosophischen *Grund-Sätze*, Ausdruck eines existentiellen *Sprungs*.

Im Sinne dieses *Sprungs* ist meine Kritik am anthropozentrischen Humanismus zu verstehen, an der Versuchung, die offene Mitte durch ein Bild oder eine Lehre über uns selbst auszufüllen. Meine Kritik des Technozentrismus schließt sich insofern an, als die Technik zu einer anthropozentrischen Maske wird und für sich selbst die Mitte beansprucht. Gleiches gilt für den Naturalismus. Schöpft das Philosophieren nicht aus einem solchen existentiellen Sprung, dann erschöpft es sich meistens in der Gelehrsamkeit der analytischen oder historischen Buchführung des Begriffs. Ist es nur auf dem Sprung, neigt es zur Wahr-Sagerei. Philosophieren heißt, sich auf den Weg über den Grat zwischen Schwärmerei und Buchhaltung des Geistes zu machen.

---

1 Vgl. Ohtsu (1981: 134). Das Gespräch ist überliefert im ersten Kapitel des Zen-Buches Bi-yän-lu und hat einen unmittelbaren Bezug zur achten Stufe der Geschichte von dem Ochsen und seinem Hirten, wovon im dritten Kapitel die Rede sein wird.
2 Vgl. auch Capurro (1993b: 51–65).

Als Leitfaden möchte ich folgendes vorausschicken. Im *ersten Kapitel* versuche ich, das Verhältnis von Informationstechnik und Lebenswelt zu klären, indem ich die Maske des Technozentrismus durch den Begriff der Lebenswelt und den Heideggerschen *Spreng-Satz* vom „In-der-Welt-sein" in Frage stelle und den Begriff der *schwachen Technik* einführe. Dieser Begriff, der sich an Gianni Vattimos *pensiero debole* (schwaches Denken) anschließt, gilt mir als Pendant zur Auffassung, daß die Stärke einer wissenschaftlichen Theorie in der Möglichkeit ihrer „Falsifizierbarkeit" (Karl Popper) liegt. Der Blick in die offene Mitte läßt die Frage nach dem Verhältnis zu uns selbst, die ethische Frage also, aufkommen.

In Anschluß an Michel Foucault gebe ich im *zweiten Kapitel* einen Überblick über einige Praktiken der Selbstformung, über jene Übungen also, bei denen wir uns einzeln oder in Gemeinschaft mit dem Faktum einer nicht vorgegebenen oder programmierten, sondern einer uns aufgegebenen Existenz selbst konfrontieren. Die „Technologien des Selbst" (Foucault) dürfen aber nicht im Sinne einer individualistischen Ethik mißverstanden werden, sondern sie stehen in Wechselwirkung mit anderen technischen Dimensionen unseres „In-der-Welt-seins", wie zum Beispiel mit den Informationstechnologien. Ihre spezifische Leistung besteht darin, der offenen Mitte tatsächlich und nicht bloß in Gedanken den ihr gebührenden Ort in unserem individuellen und sozialen Leben einzuräumen. Diese Perspektive erlaubt dann, im *dritten Kapitel,* von jener informationstechnischen Bestimmung unserer Gesellschaft den nötigen Abstand zu nehmen, um im Taumel der medialen Vernetzung jene Kleinigkeit nicht zu vergessen.

Im *vierten Kapitel* widme ich mich dem Selbstverständnis eines Hauptakteurs des Informationszeitalters, nämlich des Informatikers. Ich fasse die Informatik als hermeneutische Disziplin auf, und versuche, sie in den Kontext einer zu gestaltenden Lebenswelt zurückzuführen, indem sie die notwendige Rekontextualisierung ihrer Algorithmen in den verschiedensten Bereichen menschlichen Handelns nicht aus den eigenen Augen verliert oder sie an die Anwender delegiert. Die auf das Programmieren gerichtete Sichtweise der Informatik steht wiederum im Widerstreit mit dem Blick in die offene Weite. Es ist auch dieser Blick, der die Einsicht auch in die Verhältnisse verdeckter Ausbeutung schärft. In Lateinamerika lernte ich Situationen von Unterdrückung aus unmittelbarer Nähe kennen, so daß das Wort Gerechtigkeit kaum zum Synonym für Fairneß werden konnte. Von dieser Gerechtigkeit sagt uns Emmanuel Lévinas (1987), daß sie ihren „unendlichen" Charakter im Angesicht des Anderen zeigt. Es sind aber freilich „nur wenige, die den Sinn haben und zugleich zur Tat fähig sind" (J. W. v. Goethe 1977: 550).[3]

Im *fünften und sechsten Kapitel* stelle ich zwei Dimensionen des Informationszeitalters dar, die unsere hermeneutisch-technischen Sinnentwürfe teilweise unterminieren oder überhöhen. Im ersten Fall handelt es sich um die Unterwanderung der Interpretationsgemeinschaft durch die chaotische Vielfalt der medialen Ver-

---
3   zu Lévinas vgl. Capurro (1991h: 129–148).

mittlungssphäre. Ich spreche in Anschluß an Heidegger vom *Informations-Gestell*. Damit meine ich die Gesamtheit aller Weisen des Herstellens und Darstellens von Information, die gegenüber den rationalistischen und utilitaristischen Phantasien der Interpreten und Gestalter menschlichen „In-der-Welt-seins" eine weltumspannende labyrinthische Vernetzung bildet. Entsprechend dem hermeneutischen Grundsatz müssen wir beachten: „Das Entscheidende ist nicht, aus dem Zirkel heraus-, sondern in ihn nach der rechten Weise hineinzukommen" (Heidegger 1976: 153). Die uns bedingende artifizielle Informationszirkulation ist kein *circulus vitiosus,* sondern birgt positive Möglichkeiten in sich, vorausgesetzt freilich, daß wir jene Kleinigkeit nicht vergessen.

Die Überhöhung des Informationszeitalters führt in die mythische Welt der uns übersteigenden künstlichen Intelligenz. Ich sehe in diesem technologischen Mythos die Besetzung eines theologischen Signifikanten, der ebenfalls eine entscheidende philosophisch-anthropologische Funktion erfüllt. Es ist erstaunlich, wie nahe die funktionalistische These über die Abtrennbarkeit der Intelligenz von ihrem materiellen Substrat der mittelalterlichen Vorstellung von getrennten Intelligenzen kommt.

Im *siebten Kapitel* schließlich widme ich mich der Frage der Genealogie der Information. Ich versuche zu zeigen, daß die heute herrschende Weise der Mitteilung sich von früheren unterscheidet, so daß sie vor diesem Hintergrund relativiert werden kann. Das, was uns auch heute Anlaß zur Mitteilung gibt, ist jene Kleinigkeit, um die diese Denkversuche fragmentarisch kreisen.

Das Staunen ist, wie eine alte Tradition bezeugt, der Anfang des Philosophierens. Offenbar handelt es sich dabei um eine bestimmte Form des Staunens. Die folgende Geschichte von Paul Valéry gibt darüber Auskunft:

Der erstaunte Engel

Der Engel staunte, als er das Lachen der Menschen hörte.
Man versuchte, ihm zu erklären, so gut man konnte, was es bedeutet.
Er fragte dann, warum die Menschen nicht über alles lachten, und ständig; oder, andernfalls, warum sie nicht ganz auf das Lachen verzichteten.
„Weil, sagte der Engel, wenn ich richtig verstanden habe, man über alles oder über nichts lachen muß" (Übers. vom Verf.; Valéry 1957: 399).[4]

Was uns, Staunende, offenbar vom Engel unterscheidet, ist, daß wir fähig sind, zu reden und zu schweigen, und daß wir beides gegebenenfalls durch Lachen durchbrechen können.

---

4 Der Text lautet im Original: „L'ange étonné. L'ange s'étonnait d'entendre le rire des hommes. On lui expliqua, comme l'on put, ce que c'était. Il demanda alors pourquoi les hommes ne riaient pas de tout, et à tout moment; ou bien, ne se passaient pas entièrement de rire. ‚Car, dit-il, si j'ai bien compris, il faut rire de tout ou ne rire de rien.'"

Erstes Kapitel

Von der Technokratie zur Lebenswelt

Perspektiven der Lebenswelt

Wieviel Informationstechnik verträgt der Mensch? Dazu kann man eine klare Antwort geben, nämlich: es kommt ganz darauf an! Denn weder ist der Mensch so etwas wie ein Behälter, noch die Informationstechnik etwas wie eine Flüssigkeit, die irgendwann überläuft, sondern der Mensch ist, wie wir inzwischen wissen, die Meere und die Flüsse, die Wälder und die Wüste, die Tiere und die Pflanzen, die Berge und die Steppe. Er ist aber auch die Sorgen des Alltags und die Freude der Geburt, die Meinungen der Vielen und das begründete Wissen, die nützlichen Erfindungen und die Verschwendung der Kunst, die Trauer des Todes und der Schrecken des Krieges, die Gesetze des Staates und die Visionen der Religionen.

Wie sind diese Sätze, genauer: wie ist das *ist* jeweils zu verstehen? Die folgenden Ausführungen skizzieren zwei Deutungen, eine technokratische und eine lebensweltliche. Die technokratische Deutung geht von einem informationstechnisch gestalteten Verhältnis von Mensch und Welt aus. Die Trennung von Innen und Außen, Subjekt und Außenwelt, liefert das Modell, wonach sich das Verhältnis zu richten hat. Bei der lebensweltlichen Deutung ist das Verhältnis zwischen Mensch und Welt ursprünglich, geht der Trennung voraus. Dadurch eröffnet sich die Möglichkeit eines Übergangs von der Technokratie zur Lebenswelt, indem die Informationstechnik als eine in umfassenderen Dimensionen menschlichen Existierens eingebettet, bedacht wird. Wieviel Informationstechnik verträgt der Mensch? Noch einmal: es kommt ganz darauf an! Worauf kommt es genau an? Auf die Welt, in der er lebt.

Die Welt, in der der Mensch lebt, ist seine Lebenswelt.[1] Damit meine ich zunächst die Welt, die wir mit all dem Reichtum an subjektiven Färbungen tagtäglich und ganz persönlich erleben. Sie ist zwar immer meine Welt, aber nicht im Sinne einer solipsistisch, nur von mir allein erfahrenen Welt. Denn was ich erfahre und wie ich es persönlich erlebe, ist zugleich durch die mir nahestehenden Menschen sowie auch durch mir räumlich und zeitlich entfernte Mitmenschen bedingt. So ist meine

---

1 Der philosophische Begriff der Lebenswelt geht insbesondere auf E. Husserls „Die Krisis der europäischen Wissenschaften und die transzendentale Phänomenologie" zurück (vgl. Husserl [1936] 1986).

Welt immer schon die mit anderen miterlebte und miterlebbare Welt. Sie ist unter anderem durch die persönlichen Charaktereigenschaften, die Geschlechtsbestimmung, die Muttersprache, die natürlichen Begabungen, die Pläne und Zufälle der eigenen Lebensgeschichte, durch den Prozeß des Reifens und Alterns und durch die wechselnden Stimmungen und Lebenseinstellungen bestimmt. Wir nennen diese uns unmittelbar betreffende Welt die *private Lebenswelt*.

Von ihr hebt sich die *öffentliche Lebenswelt* ab. Sie ist die Welt der sozialen Konventionen und Bräuche, des wirtschaftlichen und politischen Handelns. Sowenig aber wie die private eine solipsistisch erfahrene Welt ist, sowenig ist die öffentliche Lebenswelt eine objektive, von allen individuellen Färbungen bereinigte Welt. Dennoch bilden die Ausformungen der nur teilweise koordinierten und koordinierbaren Handlungen der Vielen eine Dimension, in der sich die lebensweltliche Sicht des einzelnen ebenfalls nur teilweise wiederfindet. Man kann deshalb sagen, daß zwischen der privaten und der öffentlichen Lebenswelt eine gewisse Spannung herrscht und daß die Aufhebung der einen oder anderen Sicht – oder daß die Aufhebung der einen Sicht in der anderen – zu den bekannten gefährlichen Entwicklungen, sowohl für den einzelnen als auch für die Gemeinschaft führt.

Obwohl wir gemeinhin dazu neigen, die private Lebenswelt als die ursprüngliche Welt anzusetzen, zeigt bereits das Wort *privat* auf ihren abgeleiteten Charakter hin. Wir sind zunächst in einem gemeinsam mitgeteilten Bereich des öffentlichen Lebens und können uns deshalb ins Private zurückziehen. Dieser Rückzug kann zwar als Flucht bis hin zur krankhaften Selbstisolierung erlitten werden; er kann aber auch als eine Möglichkeit zur Erhaltung und Entfaltung der eigenen Sicht der Dinge, aus der erst ein echtes Spannungsverhältnis zum normativen öffentlichen Bereich entstehen kann, vollzogen werden.

Wir kennen aber auch noch eine weitere auf unser Leben bezogene Bedeutung von Welt, die sich von den bereits genannten unterscheidet, nämlich die Welt, so wie sie uns die Wissenschaft erschließt. Es handelt sich dabei um einen in jahrhundertelanger Entwicklung vollzogenen Privationsprozeß. Im Gegensatz zur privaten Sicht erfahren wir die Welt jetzt so, als ob (!) jene individuellen und sozialen Dimensionen eine zwar nicht völlig ausschließbare, aber für die Zwecke der Wissenschaft doch marginale Rolle spielten.

Wie wir wissen, übt gerade diese *wissenschaftliche Lebenswelt* einen kaum zu überschätzenden Einfluß auf die öffentliche sowie auf die private Lebenswelt aus. Dieser Einfluß ist darin begründet, daß die Wissenschaft nicht die Welt an sich, sondern die kausal verstehbare Welt vor Augen führt. Je mehr sie aber die Phänomene in ihren tatsächlichen oder möglichen Wechselwirkungen erschließt, um so mehr gestattet sie einen aktiven, technischen Eingriff auf sie.

Gerade der aktiv-technische Charakter der modernen Wissenschaft ist nicht etwas Marginales, sondern zeichnet sie im Unterschied zur mittelalterlichen *ars* und zur antiken *techne* aus. Dieser aktiv-technische Charakter gewinnt in der neuzeitlichen Wissenschaft die Oberhand und wird zur Methode des Wissens selbst. Wenn wir in diesem Zusammenhang die Frage: Was ist Informationstechnik? stellen, dann erhalten wir die Antwort: Sie ist der wesentliche Charakterzug der modernen Wissenschaft. Denn die Informationstechnik erlaubt einen treffsicheren Eingriff auf die Phänomene, indem sie sie primär im Dienste dieses Eingriffs methodisch erschließt. Die wissenschaftliche Welt ist heute informationstechnisch bestimmt. Damit steht sie in einem unlösbaren Zusammenhang mit der privaten und öffentlichen Lebenswelt, da die informationstechnischen Eingriffe gemäß dem Anspruch auf private und öffentliche Zweckmäßigkeit erfolgen. Und umgekehrt: sowohl die private als auch die öffentliche Lebenswelt werden immer mehr informationstechnisch gestaltet.

Hier liegt die eigentliche Herausforderung, die sich hinter der Überschrift *Von der Technokratie zur Lebenswelt* verbirgt. Denn auch wenn diese drei Sichtweisen nicht aufeinander reduzierbar sind, bergen sie die Möglichkeit, sich absolut zu setzen oder zum bloßen Diener der jeweils anderen zu werden. Im Falle der Informationstechnik bedeutet diese Alternative, entweder sie zur alles bestimmenden Macht zu erheben oder sie zu einem bloßen Instrument zu bagatellisieren. Es ist dann die Rede von der Ambivalenz dieser oder der Technik. Demgegenüber bleibt der Fluchtweg in eine vermeintlich heile Welt. Dieser scheinbare Ausweg wird nicht selten im Namen dessen geführt, was sich in allen drei Formen der von uns konstituierten Welt entzieht, nämlich der Natur. Denn weder die private noch die öffentliche noch die wissenschaftlich-technische Lebenswelt stellen uns vor eine Natur an sich, sondern diese entzieht sich auch und gerade dann, wenn wir glauben, sie naturwissenschaftlich-technisch im Griff zu haben. Was wir im Griff haben, ist gerade nicht Natur, sondern ihre Erscheinung vor dem Hintergrund unserer in sie hineinprojizierten Handlungsentwürfe, wozu auch unsere Denkentwürfe gehören. Es sind diese Handlungsentwürfe, die wir auch informationstechnisch programmieren können. Ein Computerprogramm stellt einen technisch-fixierten Handlungsentwurf innerhalb der menschlich konstituierten Welt, der Lebenswelt, dar. Wenn aber keine romantische Alternative zur Ambivalenz der Technik offen bleibt – da uns die Natur nicht an sich, sondern stets durch die Mediatisierung der Lebenswelt zugänglich ist – und wir weder in die Überhöhung noch in die Bagatellisierung der Technik verfallen wollen, was bleibt uns für eine Einstellung übrig? Um diese Frage zu beantworten, müssen wir zunächst auf das durch die Informationstechnik geprägte Menschenbild eingehen.

Die Maske des Technozentrismus

Wie sehr die Informationstechnik eine uns prägende Macht ist, zeigt die weit verbreitete Vorstellung, daß der Mensch nichts anderes sei als eine bestimmte Art der Gattung informationsverarbeitender Systeme. Diese Vorstellung wird in vielen Varianten innerhalb der Informatik und der Kognitionswissenschaft vertreten. Sie übt aber auch einen großen Einfluß auf die Humanwissenschaften aus und dringt immer mehr ins allgemeine Bewußtsein ein.

Inwiefern ist diese technokratische Vorstellung, die den Menschen der Technik unterordnet, in Wahrheit eine anthropozentrische? Und inwiefern ist *anthropozentrisch* im Sinne von *androzentrisch,* von Herrschaft des Mannes, zu verstehen? Ich werde auf diese zweite Frage jetzt nicht eingehen. Die Kritik des Androzentrismus stellt einen keineswegs nebensächlichen oder *parergonalen* Weg zur Infragestellung des (metaphysischen) Anthropozentrismus dar. Sie schließt aber auch eine Kritik des *Gynekozentrismus,* der Frauenherrschaft, ein (vgl. dazu Nettling 1992).

Ich fasse anthropozentrisch in diesem doppelten Sinne auf, denn es handelt sich dabei um die Infragestellung des vermeintlichen geistigen Primats des Menschen, um seine Entheiligung und vielleicht sogar Entwürdigung. Der Mensch soll bloß eine halbwegs funktionierende Maschine sein, deren sogenannte geistigen Eigenschaften, wie der Funktionalismus lehrt, auf einer dauerhaften *Hardware* sich implementieren ließen.

Während die Evolutionstheorie die menschliche Seele naturalisierte, geht jetzt die Informationstechnik einen Schritt weiter und räumt mit einem diffus verbliebenen Vitalismus auf. Aber damit nicht genug. Die Zeit soll nicht mehr fern sein, in der die von uns geschaffenen intelligenten Wesen uns übertreffen und überflüssig machen werden. So die technischen Visionen des Informatikers Hans Moravec (Moravec 1990). Von Anthropozentrismus scheint keine Rede sein zu können, wohl aber von Technozentrismus.

Meiner Meinung nach verbirgt sich hinter der Vorstellung von höheren Intelligenzen oder einer von uns geschaffenen und uns übertreffenden künstlichen Intelligenz, die aus Träumen (und Traumata) des Menschen erwächst, der Wunsch nach einer Bestätigung unseres technischen Wissens und Könnens. Die scheinbar uns übersteigende und dezentrierende technokratische Vorstellung ist in Wahrheit eine anthropozentrische Maske. Sie ist jener metaphysischen Gottesvorstellung vergleichbar, in der der Mensch ein unerschütterliches Fundament für sein Denken und Handeln suchte. Aber auch wenn man diese Visionen als Träumereien abtut und auf dem harten Boden der Wirtschaftsinteressen und der politischen Herrschaft bleiben will, bedeutet die Idee vom Menschen als ein informationsverarbeitendes System eine gerade zutiefst anthropozentrische Idee und zwar nicht *nur* in einem erkenntnistheoretischen, sondern *vor allem* in einem auf Herrschaft hin orientierten praktisch-politischen Sinne.

Im erkenntnistheoretischen Sinne ist diese Vorstellung durch und durch anthropozentrisch. Sie ist auf dem Boden des modernen Subjektivismus und Rationalismus entstanden und übernimmt meistens unreflektiert die Prämissen dieser Denkrichtungen. Während aber die Moderne zwischen einer „denkenden" und einer „ausgedehnten" Substanz (Descartes) unterschied, behauptet der starke Funktionalismus, daß alle mentalen Prozesse sich auf *Informations*verarbeitung reduzieren lassen. Zwischen Computerisierung und Erkenntnis besteht nicht bloß eine Analogie, sondern eine Isomorphie. In den Worten des MIT-Forschers Pylyshyn: „cognition is computation" (Pylyshyn 1986). Menschen und Computer gehören zum Genus der erkennenden Dinge (*cognizers*). Demgegenüber behauptet der schwache Funktionalismus, daß Bewußtsein von seinen biologischen Bedingungen nicht abtrennbar ist und daß die im Computer erzeugbaren Kognitionsprozesse Simulationen bleiben (Searle 1986).

Die starken Funktionalisten bewegen sich zwischen zwei Positionen, nämlich Programmierern und Konnektionisten. Die Programmierer behaupten, daß Erkenntnis durch gezielte symbolische Modellierung des Systems erzeugt werden kann, während für die Konnektionisten dies durch nicht-biologische neuronal-ähnliche Netzwerke zu erreichen wäre (vgl. Churchland 1986, 1990). In diesem Fall könnte man, in Übereinstimmung mit den Konstruktivisten, von „autopoietischen Maschinen" (Maturana/Varela 1980) sprechen.

Funktionalistische Positionen führen letztlich dazu, den Menschen von der Lebenswelt abzukoppeln. Diese wird zur Außenwelt, die im Inneren eines Systems durch mentale Repräsentationen „re-repräsentiert" und seiner Herrschaft unterworfen wird (Silvers 1989). Konnektionisten neigen dazu, jene in der Einleitung erwähnte *Kleinigkeit* zu vergessen, die dem *In-sein* des Menschen in der Welt auszeichnet.

Aber auch in einem praktisch-politischen Sinne ist die Vorstellung vom Menschen als informationsverarbeitendes System eine technokratische Maske. Denn statt wie bisher die kognitive Dimension, also das Problem der *Informations*verarbeitung, in den Vordergrund zu stellen, wird jetzt der Mensch als informations*verarbeitendes* System betrachtet.

Man könnte erneut argumentieren, daß gerade dadurch andere Maschinen als eben der Mensch seine Arbeit verrichten können, wodurch er als arbeitendes Wesen (*homo laborans*) aus der Mitte vertrieben wird. Diese Vorstellung führt aber dann zu zwei möglichen Konsequenzen, die den Menschen wiederum im Mittelpunkt belassen und die praktisch-politische Lebenswelt technokratisch umformen. Zum einen ist die Rede von der Entlastung des Menschen, die diesem dann in Form von Freizeit zugute kommen soll. Inzwischen hat die Praxis gezeigt, daß durch die Informationstechnik zwar manche Entlastung erfolgt, zum Beispiel bei sich wiederholenden Aufgaben oder bei Kontrolltätigkeiten, zugleich kommen aber ganz neue psychische und physische Belastungen auf den arbeitenden Menschen zu. Auch wenn der Computer einen Teil der Arbeit verrichtet, versteht sich der Mensch gerade durch ihn als ein informationsverarbeitendes Wesen. Das informationsverarbeitende Modell ist die Maske für dieses Menschenbild. Zum anderen macht die Mechanisierung der geistigen Arbeit nur scheinbar den Menschen die Position als Mittelpunkt streitig. Denn er bleibt in diesem Selbstverständnis die bestimmende, aber am Maschinenmodell orientierte und somit von der Lebenswelt abgekoppelte Instanz. Die Kehrseite dieses weltlosen Anthropozentrismus ist einerseits der

Mensch als Opfer des informationstechnischen Einsatzes. An den Rand gedrängt, wird er alles dafür einsetzen, um in die weltlose Mitte zu gelangen. Andererseits meldet sich die als Arbeitsmaterial degradierte Welt in einem uns stets übersteigenden Maß an Komplexität.

Wir sehen, daß das informationsverarbeitende Modell des Menschen mit der Hypothek des von der Lebenswelt abgekoppelten Anthropozentrismus behaftet ist. Natürlich könnte man einwenden, daß der Anthropozentrismus selbst eine durchaus annehmbare Position ist, zumindest aus menschlicher Sicht! Ferner, daß der mit der Aufklärung einsetzende und den metaphysischen Theozentrismus ablösende Anthropozentrismus einen Fortschritt auf dem Weg aus der selbstverschuldeten Unmündigkeit bedeutet.

Demgegenüber steht aber das unübersehbare katastrophale Vermächtnis des sich als Herrscher von Natur und Geschichte wähnenden Menschen. Der Anthropozentrismus tritt zwar meistens mit einem allgemeinmenschlichen Anspruch auf, in Wahrheit aber sind es immer konkrete Mächte, die die Mitte für sich beanspruchen und die Welt als etwas ihnen Gegenüberstehendes, als Außenwelt, auffassen. Diese Außenwelt nennt man praktisch-politisch eine *Kolonie*. Schließlich wird auch die gesamte Natur zum Gegenstand kolonial-anthropozentrischer Ausbeutung.

So stellt sich die Frage, ob die theoretisch und praktisch als Maske des technokratischen Anthropozentrismus dienende Informationstechnik vor einer anderen Auffassung des Menschen und seines Weltbezugs gestellt werden kann. Damit meine ich aber nicht, daß das informationsverarbeitende Modell nutzlos oder falsch ist. Es geht mir statt dessen darum, durch Einblendung anderer Dimensionen menschlichen Existierens, jenes Modell in seinem Gültigkeitsbereich einzuschränken.

Spreng-Satz

Ich schlage vor, die Vorstellung einer in seinem Gehirn eingekapselten Subjektivität, die die Gegenstände der Außenwelt abbildet oder sie verarbeitet, sozusagen zu sprengen. Mein sich an Heideggers Daseinsanalyse anlehnender Spreng-Satz lautet: *Nicht die Welt ist im Menschen, sondern der Mensch ist in der Welt.*[2] Der Mensch ist in der Welt nicht nur mit seiner Erkenntnis, sondern ebensosehr mit all dem Reichtum seiner offenen Weltverhältnisse, die sein Möglich-sein ausmachen. Erst durch die Sprengung des technokratischen Anthropozentrismus, wie bei Terry Winograd und Fernando Flores,[3] scheint mir jene Umkehrung in der Informatik möglich, die Christiane Floyd und Joseph Weizenbaum seit Jahren anmahnen.

---

2 Vgl. Heidegger (1976). Zu Heidegger vgl. Capurro (1991a, 1988a).
3 Winograd/Flores (1989). Zur Kritik dieses Ansatzes vgl. Capurro (1991g: 363–375).

Gemeint ist eine Erweiterung des Blickes. Eine Erweiterung woraufhin? Auf die Seinsverhältnisse, in der der Mensch lebt, die er also *ist,* auf die ursprüngliche Verschränkung von Mensch und Welt.

Sogar ein Hauptvertreter des Funktionalismus hat uns diese Umkehrung vorexerziert. Kein geringerer als Hilary Putnam hat neuerdings die technokratische Trennung zwischen einer objektiven Außenwelt und unseren mentalen Repräsentationen in Frage gestellt. Sein Argument lautet:

„Nehmen wir an, ich führe jemanden in ein Zimmer, in dem sich ein Stuhl und ein Tisch und eine Lampe, Notizbuch und Kugelschreiber befinden. Nun frage ich: ,Wie viele Gegenstände befinden sich in diesem Zimmer?' Darauf erwidert mein Begleiter, wie ich annehmen möchte: ,Fünf'. Ich frage weiter: ,Welche sind das?' ,Ein Stuhl, ein Tisch, eine Lampe, ein Notizbuch und ein Kugelschreiber.' ,Wie steht es mit dir und mir? Sind wir nicht auch in diesem Zimmer?' Da kichert mein Begleiter womöglich und sagt: ,Ich wußte nicht, daß ich nach deiner Ansicht auch die Personen zu den Gegenständen rechnen sollte. Also gut, dann sind es also sieben.' ,Wie steht es mit den Seiten des Notizbuchs?' Nun wird mein Begleiter wahrscheinlich weit weniger hilfsbereit und meint, ich wollte ihn auf den Arm nehmen. Aber wie lautet eigentlich die Antwort auf meine Frage?" (Putnam 1991: 194–195).

Auf den logischen Einwand, es gebe einerseits einen normalen Gegenstandsbegriff, wonach die Seiten des Notizbuchs, solange sie fest eingeheftet sind, nicht als Gegenstände zählen, und einen logischen Gegenstandsbegriff andererseits, wonach als Gegenstand der Wert der Variable einer Quantifikation gilt – zum Beispiel alle Seiten des Notizbuchs oder meine Nase –, antwortet Putnam: Wie steht es mit (Gruppen von) Elementarteilchen? Sind sie etwa ein Gegenstand?

Das Argument zeigt, daß sich die Trennungslinien zwischen einer Außen- und einer Innenwelt nicht klar ziehen lassen. Die intelligente Antwort auf die Frage: „Wie viele Gegenstände befinden sich in diesem Zimmer?" lautet: „Was verstehen Sie unter ,Gegenstand'?" Sie ist eine hermeneutische Antwort. Die sich hieraus ableitende Begriffsrelativität ist die Kehrseite der Einsicht in die ursprüngliche Einbettung des Menschen in der Welt. Die technokratische Trennung verschließt die, wie Putnam sagt, „Porosität" des Gegenstandsbegriffs, des Bezugsbegriffs und des Bedeutungsbegriffs. Sie verschließt die Offenheit menschlichen Existierens, indem sie von einem technischen Subjekt ausgehend die reale Außenwelt zu repräsentieren versucht. Mit anderen Worten, wir sind alle nicht ganz dicht!

Der sogenannte radikale Konstruktivismus ist die umgekehrte Variante des technokratischen Modells. Denn anstelle der Außenwelt tritt eine erkenntnistheoretische Konstruktion ein, deren Fundament und Mittelpunkt der Konstrukteur ist. Wir tauschen die Robotik gegen die Phantastik aus. Wir können einer konstruktivistisch verstandenen Informationstechnik einen eingeschränkten Gültigkeitsbereich zusprechen, wenn wir sie in ein offenes Ganzes einfügen.

Eine Parallele bietet sich an, nämlich die Vorstellung, daß die Wissenschaft sich durch eine letztbegründete (empirische) Verifizierung auszeichnen würde. Die

Wissenschaftstheorie hat aber gezeigt, daß eine nach Letztbegründung suchende Wissenschaft eine Chimäre ist. Wissenschaftliche Erkenntnis zeichnet sich durch Vorläufigkeit aus. So wie wir in der Wissenschaft vergeblich nach einer Letztbegründung suchen, so suchen wir auch in der Technik vergeblich nach einer totalen Sicherheit. Denn wir sind nicht nur in bezug auf unser Wissen, sondern auch auf unser Machen einem Bereich offener Möglichkeiten ausgesetzt, die wir weder durch nachträgliche (kausale) Erklärungen noch durch technische Sicherheitssysteme vollständig aufklären oder beherrschen können.

Wir können von einem Prometheuskomplex sprechen. Dieser Komplex ist die Versuchung, uns der Welt, in all ihren unfaßbaren Dimensionen, zu verschließen. Die Rede von einem Restrisiko ist dann nichts anderes als blanker Zynismus. Das Gegenteil davon ist nicht eine waghalsige Technik, sondern eine Technik, die auf das Leben, auf jene offenen Weltverhältnisse, positiv orientiert ist.

Die Suche nach einer vom menschlichen Versagen unabhängigen Sicherheit ist so fragwürdig wie die Suche nach einer endgültigen Verifizierung im Falle wissenschaftlicher Theorien. Gute Technik ist jene Technik, so könnten wir die falsifikationistische These umformulieren, die nicht nach den Verifikationen eines utopischen Sicherheitsideals sucht, sondern sich zu den stets unserem totalitären Zugriff versagenden Dimensionen unseres endlichen Existierens offen (ver-)hält.

Als eine dieser Dimensionen ist die Sprache dadurch ausgezeichnet, daß wir in ihr und durch sie jene Spannung zwischen unserem offenen weltmäßigen Woher und Wohin so artikulieren können, daß wir den Versuchungen, sie aufzuheben, indem wir sie festschreiben, Widerstand leisten. Erst wenn wir unsere vermeintliche Stärke gegenüber der Sprache aufgeben, können wir von ihrer Schwäche profitieren und aus ihr mehr herausholen, als wir uns gedacht hatten.

Ich nenne eine Technik, die sich, stellvertretend für andere nicht beherrschbaren Dimensionen menschlichen Existierens, am Modell der Erfahrung von Sprache orientiert, schwache Technik.[4] Eine schwache Technik ist eine Technik, die nicht aus der Flucht oder der Verdrängung der Grundlosigkeit und Endlichkeit menschlichen Existierens entsteht. Der *starken Technik* im Sinne einer solchen Flucht, entsprechen zum Beispiel der religiöse, politische und philosophische Fundamentalismus. Starke Technik ist fundamentalistische Technik. Demgegenüber bedarf die schwache Technik sowenig eines absoluten Herrschers wie die Wissenschaft einer dogmatischen Sicherheit. Eine starke Technik ist jene, die wir als Maske unserer technokratischen weltflüchtigen Wünsche benutzen, die uns scheinbar herausfordert, indem wir durch sie maßlose Ansprüche an uns selbst stellen. In dieser Maßlosigkeit verschleiern wir uns selbst jene offene Ganzheit, aus der heraus wir unser Leben in einem freien Spiel *versagen*.

---

4 Vgl. Vattimos Ansatz eines „schwachen Denkens" (pensiero debole) (Vattimo 1990). Zum Verhältnis zwischen Technik, „schwachem Denken" und Ökologie vgl. Schönherr (1989). Zu Vattimo vgl. Capurro (1991c).

Unter schwacher Technik verstehe ich aber nicht bloß eine die starke Technik und ihre katastrophalen Auswirkungen beschränkende Technik, sondern eine im positiven Sinne sich auf das Gelingen unserer Weltverhältnisse orientierende Technik. Denn eine die Welt verwüstende starke Technik zeigt wie auf einem Negativ das Bild einer anderen möglichen Technik. Die instrumentelle Dimension der Technik soll aber dabei nicht ästhetisch verklärt, sondern instrumentell abgeschwächt, von der Entsprechung zu den offenen Verhältnissen her gedacht, und das heißt immer zugleich als Lebenseinstellungen, in denen wir unsere Lebensformen technisch gestalten, geübt werden. Wir sind nicht nur Techniker im engen Sinne des Wortes, sondern zugleich Lebenstechniker (vgl. Schirmacher 1990).

Wir würden vergeblich danach fragen, wie denn die Produkte einer schwachen Technik aussehen sollen, wenn wir nicht zuvor eine *lebenstechnische* Einstellung zu uns selbst einüben. Mit anderen Worten, eine veränderte schwache Technik bedarf der Einübung in jenen Praktiken der Selbstformung, bei denen wir allem Anschein nach im Mittelpunkt stehen.

Zweites Kapitel

Praktiken der Selbstformung

Auf der Suche nach einer alten Lebenskunst

Michel Foucault hat die Frage nach einer neuen, alten Lebenskunst aufgeworfen.[1] Neu ist diese Kunst insofern, als sie vergessen wurde. Ob dieses Vergessen, wie Foucault meint, mit der Konstitution des modernen Subjekts bei Descartes, also mit der Voraussetzung eines feststehenden und unwandelbaren Grundes der Erkenntnis begann, oder ob, wie Pierre Hadot (1991) vermutet, im Mittelalter ein Bruch stattfand, als die Philosophie zur Magd der Theologie wurde und die geistigen Übungen von ihrem (der Philosophie) Bereich abgetrennt wurden, bleibe zunächst dahingestellt.

Alt ist diese Kunst insofern, als sie den Kern der antiken Philosophie im Sinne von *Askese* oder Übung aufgreift, deren Ziel die Formung des Selbst, die Gestaltung eigenen Lebens, war. Demnach ist uns das Leben in all seinen Möglichkeiten und Dimensionen nicht nur gegeben, sondern es ist uns aufgegeben. Es gilt in der Selbstsorge (*epimeleia heautou*), wie es in Platons Dialog *Alkybiades* (Alk. I 123d–124d) mit Blick auf den Delphischen Spruch „Erkenne Dich selbst" heißt, jene vergessene Kunst des Lebens wiederzuentdecken, die auch der Kern der antiken Ethik ausmachte. Pierre Hadot schreibt:

„Ich habe erkannt, daß die Philosophie nicht nur eine bestimmte Art, die Welt zu sehen, ist, sondern eine Art zu leben, und daß alle theoretischen Diskurse nichts sind im Vergleich mit dem konkreten gelebten philosophischen Leben" (Hadot 1991: 9).

Hadots Einsichten über die geistigen Übungen in der Antike haben in Paul Rabbow einen bedeutenden Vorgänger. Es war Rabbows (1954) Entdeckung, den Weg aufgezeigt zu haben, wodurch die antiken geistigen Übungen sich in die geistlichen christlichen Übungen verwandelten. Rabbow und Hadot erörtern die Kontinuität und die Diskontinuität dieser Verwandlungen, ausgehend von den platonischen Dialogen über die hellenistische Philosophie (Seneca, Epiktet und Marc Aurel) bis hin zu den *Exercitia spiritualia* (geistliche Übungen) des Ignatius von Loyola und zu den psychoanalytischen Techniken.

---

1 Foucault (1989). Zu Foucault vgl. Schmid (1991) und Dreyfus/Rabinow (1987).

Die neuere Diskussion um eine Ethik, die die menschliche Existenz nicht primär unter dem Gesichtspunkt von zu begründenden und zu befolgenden Regeln und Normen stellt, sondern sie zunächst in ihrer Offenheit und Formbarkeit auffaßt, verdankt wesentliche Impulse den späten Arbeiten von Foucault, der den Begriff „Ästhetik der Existenz" prägte (Foucault 1989, Bd. 3: 55–93). Menschliches Existieren wird dabei in Analogie zur Formung eines Kunstwerkes als ein dauernder Formungsprozeß aufgefaßt. Im Mittelpunkt steht die Wahl des eigenen individuellen und sozialen Lebensweges, eine Frage, die heute auch eine menschheitliche Dimension einschließt.

Es war in der griechischen Antike, wo die Frage nach dem guten Leben (*eu zen*) gestellt und die Kunst des Beratens im Hinblick auf das Maß unserer Selbstformung entwickelt und geübt wurde. So stand zum Beispiel bei Aristoteles die Kunst des klugen Abwägens (*phronesis, prudentia*) im Mittelpunkt seiner Ethik, die das menschliche Leben insgesamt situativ bedachte.

Das Modell der Künste bedeutet wiederum nicht, daß alle Dimensionen, die dem künstlerischen Gestalten eigen sind, auch auf die Lebensgestaltung übertragen werden sollten oder könnten. Es gibt aber zwei gemeinsame Grundzüge, die ich hervorheben möchte. Zum einen schließt die ästhetische Erfahrung eine schöpferische Sicht gegenüber dem Gegebenen ein, indem wir es vor einem Horizont von offenen Möglichkeiten sehen. Sicherlich ist der Stoff der Künste nicht mit dem Lebensstoff vergleichbar, aber erst aus jener Erfahrung der Offenheit menschlichen Existierens werden wir zu Künstlern im eigentlichen Sinn. Mit anderen Worten, die Kunst des Lebens stellt gewissermaßen das Modell für die künstlerische Gestaltung eines Stoffes dar. Zum anderen gehört zur Erfahrung der individuellen und sozialen Existenz das Moment ihrer Gratuität oder Schenkung, die Erfahrung ihrer Grundlosigkeit. Aus dieser Erfahrung schöpft die Kunst, sofern sie sich durch diese Dimension bestimmen läßt und dabei auf die Grenzen des Darstellbaren stößt (Capurro 1995).

Die Ästhetik der Existenz bedeutet keine vordergründige Angleichung der Ethik an die Ästhetik, sondern umgekehrt, sie bedenkt die ästhetische Erfahrung und die Erfahrung der Lebensgestaltung sowohl in ihrer Eigenständigkeit als auch in ihrem Bezug. Sie will, mit Kierkegaards Worten, „das Gleichgewicht zwischen dem Ästhetischen und dem Ethischen in der Herausarbeitung der Persönlichkeit" nicht aus den Augen verlieren (Kierkegaard 1957: 165–356).

So ist also die Frage nach der Lebensgestaltung zugleich eine Frage nach den offenen Möglichkeiten unseres Seins unter Berücksichtigung seines Gratuitätscharakters. Die Kunst des Lebens (*techne tou biou, ars vitae*) relativiert die Vorstellung eines wahren Menschenbildes. Die Geschichte unseres Jahrhunderts hat uns in erschreckender Weise eine Lektion über die Gefahren einer Absolutsetzung von Menschenbildern erteilt. Wir müssen wieder lernen, unser Leben ästhetisch, in seiner Offenheit, Endlichkeit und Gratuität zu sehen, wenn wir nicht als Menschheit das Gesamtopfer ökonomischer, ideologischer oder technischer Hybris werden sollen. Eine Ästhetik der Existenz bedeutet aber keine anthropozentrische Alternative gegenüber Technozentrismus oder Naturalismus. Sie stellt sich vielmehr als Übung im Aushalten ihrer offenen Mitte dar (vgl. Capurro 1993b).

Foucault unterscheidet in Anlehnung an Jürgen Habermas drei Typen von Technologien:
- Erstens, Technologien der Produktion, die zur Erzeugung und Umformung von Dingen dienen;
- zweitens, Technologien von Zeichensystemen, wodurch wir Zeichen und Symbole manipulieren können;
- drittens, Technologien der Macht, die zur Bestimmung menschlichen Verhaltens zu Herrschaftszwecken dienen.

Er fügt dann dieser Aufzählung eine vierte Art hinzu, die „Technologien des Selbst", womit er jene Operationen meint, die die Individuen mit sich selbst, „mit ihren eigenen Körpern, mit ihren eigenen Seelen" vollziehen, um ihre Existenz zu gestalten, „und einen bestimmen Zustand von Vollkommenheit, Glück, Reinheit, übernatürlicher Kraft" zu erlangen (Foucault o. D.: 35).[2]

Zu den Technologien des Selbst zählt Foucault: Schreiben, Selbstanalyse, Gewissensprüfung, Askese, Meditation und Traumdeutung. Ob bei der Psychoanalyse, in den christlichen Beichttechniken, im römischen Hellenismus, beim monastischen Leben, in der griechischen Philosophie ..., überall finden wir diese und andere Techniken sowohl in unserer als auch in anderen Kulturen, die je nach dem sich verändernden geschichtlichen Kontext einen unterschiedlichen semantischen Gehalt haben. Sie stehen auf unterschiedliche Weise mit den anderen heteronomen Machttechnologien in Wechselwirkung. Sie sind ein Indikator dafür, inwiefern der Mensch sich als *Sub-jekt* dieser Konstellationen versteht und sich ihnen *unter-wirft* oder sie benützt, um dem Offensein seines Existierens zu entsprechen.

Ich werde im folgenden nicht die ganze Breite einer Ästhetik der Existenz, die nicht nur eine kulturgeschichtliche Analyse, sondern auch den heutigen Zusammenhang zwischen den Technologien des Selbst und den anderen Techniken umfaßt, behandeln. Ich meine aber, daß dieser Zusammenhang zum Kern einer Ethik, die sich als Ästhetik der Existenz versteht, gehört. Die Frage der Ethik unter dem Blickwinkel der Technologien des Selbst zu stellen, bedeutet gewissermaßen eine Umkehrung von anderen Sichtweisen, wie zum Beispiel der, daß der Mensch ein Produkt ökonomischer Faktoren ist, wodurch die Produktionstechniken den ethischen Orientierungsfaden für eine Ethik bilden, wie bei Karl Marx, oder daß der

---

2 Siehe auch Foucault (1993: 26). Die Begriffe Technik und Technologie verweisen auf den griechischen Ausdruck *techne,* der ursprünglich das Wissen, wie man etwas herstellt, meint. Die Übertragung dieses Ausdrucks auf die Formung der menschlichen Existenz ist nicht unproblematisch, wie die aristotelische Kritik der Platonischen *techne*-Auffassung zeigt. Auch wenn für Aristoteles dem Bereich sittlichen Handelns eine spezifische Wissensform, nämlich die (sittliche) Einsicht (*phronêsis*), eigen ist, verwendet er einen durch den offenen ethischen Maßstab relativierten *techne*-Begriff vgl. Capurro (1991d: 2–20).

Mensch primär aus informationstechnischer Sicht aufzufassen ist, wie unsere technologische Zivilisation uns nahelegt, oder daß das Politische im Sinne eines staatlichen, kulturellen oder organisatorischen Gebildes die Grundlage unserer Formung ausmachen soll, wie im Falle der antiken *polis* und auch der neuzeitlichen Staaten.

Die Technologien des Selbst als Kern einer Ästhetik der Existenz aufzufassen, bedeutet demgegenüber, durch jene Praktiken, uns von ökonomischen, technischen oder gesellschaftlichen Normierungen und Zwängen soweit frei zu machen, daß wir sie als veränderbar, und das heißt auch als individualisierbar betrachten, anstatt daß wir uns als *Sub-jekte* dieser Dimensionen bestimmen lassen. Wir können dabei lernen, in unserer persönlichen und kollektiven Existenz die Frage des Stils als eine ethische Frage zu stellen. Stil als Kategorie einer Ästhetik der Existenz bedeutet zunächst die Übung in der Erfahrung der Freiheit und Verantwortung in der Wahl des individuellen und kollektiven Möglichseins. Stil als Lebensstil bedeutet aber ferner die individuelle und kollektive Sorge um die *stetige* Formung unserer Seinsverhältnisse. Diese Formung richtet sich nicht nach der vermeintlichen Innerlichkeit eines Ich, sondern Selbstformung meint die Formung der uns auszeichnenden Dimension der Offenheit jener Verhältnisse, die, sofern wir wissen, in dieser Weise nur für den Menschen konstitutiv sind. Damit findet kein Rückfall in den Anthropozentrismus statt, denn die Offenheit der Verhältnisse bedeutet gerade, sofern wir ihr zu entsprechen versuchen, die Wahrnehmung der Dezentrierung menschlichen Existierens. Diese Dezentrierung ist zugleich ontologisch – wir sind in der Weise des „In-der-Welt-seins", die Mitte unseres Seins in der Welt ist durch Offenheit und Unbestimmtheit gekennzeichnet – und ethisch, denn aus dieser offenen Mitte entspringt die Sorge um uns selbst. Wir sind diejenigen, deren Leben in der Sorge um die mögliche Selbstbestimmung der offenen Verhältnisse in einer gemeinsam mit anderen mitgeteilten Welt besteht.[3]

Die Technologien des Selbst, auf deren Entwicklung ich jetzt exemplarisch eingehe, sind Wege der Selbstwerdung, sie sind Wege, wie wir dem Offen-sein jener Verhältnisse entsprechen können. Ich beginne, Foucault folgend, mit der Lebenskunst in der griechisch-römischen Antike. Zwei weitere Stationen sind zum einen die Verchristlichung der antiken Übungen und zum anderen das in der Neuzeit vorscheinende Primat der Selbsterkenntnis gegenüber der Selbstformung. Ich werde dieses von Foucault hervorgehobene Primat im Sinne eines Bruches mit der antiken Tradition der Lebenskunst, wenn nicht gänzlich bestreiten, so doch zumindest abschwächen. Ich stimme wiederum mit Hadot überein, daß der Gehalt der antiken philosophischen Übungen in die christliche Spiritualität überging, während die Philosophie dann, ihres lebensformenden Sinnes verlustig, zur Magd der Theologie *(ancilla theologiae)* wurde.

---

3 Entgegen der Auslegung von W. Schmid (1991: 207–208) bin ich der Auffassung, daß in Heideggers Begriff der „Sorge" die Beziehung zum Anderen konstitutiv ist.

Einen Ursprung der Ethik als Ästhetik der Existenz im Sinne eines geübten und gelebten philosophischen Lebens finden wir in der Sokratischen „Sorge um sich" (*epimeleia heautou*) und im Delphischen Spruch „Erkenne Dich selbst" (*gnothi sauton*). Die Sokratischen Exerzitien und ihre platonischen Darstellungen sind aber nicht bloße intellektuelle Übungen, sondern sie zielen auf die ethische Frage nach der Selbstbeherrschung, die nur dann zu erzielen ist, wenn das Leben in ihrem Bezug zum Göttlichen geformt wird. Eine solche Formung gilt als Voraussetzung für die politische Herrschaft, wie Sokrates dem Alkibiades klarzumachen versucht.

Die scheinbar bloß intellektuellen Techniken des Sokrates haben einen pädagogischen und politischen Hintergrund, wie in Platons Dialog *Alkibiades* zum Ausdruck kommt:

„Denn nichts macht mich so bange wie dies, daß das Buhlen um die Gunst des Volkes dein Verderben werde. Schon viele treffliche Athener sind diesem Schicksal verfallen. Denn berückend schön ist die Maske, in der des hochgesinnten Erechtheus Volk erscheint; aber du mußt sie ihm abreißen, um sein wahres Antlitz zu schauen" (Platon 1988, Alk. I 132a).

Für sich selbst zu sorgen heißt letztlich, den Zusammenhang der Seele mit dem Göttlichen nicht zu vergessen. Erst wenn Alkibiades erkennen würde, daß Wille und Macht nur dann zur schönen Gestaltung menschlichen Gemeinlebens führten, wenn sie von Gerechtigkeit und Besonnenheit begleitet würden, würde er auch der machtpolitischen Verführung widerstehen. Gerechtigkeit und Besonnenheit gehen ihrerseits aus der Einübung des Bezuges des Menschen zum Göttlichen hervor.

In diesem Dialog stellen sich für Foucault (1993: 36) vier Fragen, die seitdem unterschiedliche Lösungen erhielten:
1. Die Frage nach dem Zusammenhang zwischen „sich mit sich selbst beschäftigen" und politischer Aktivität. Diese Frage wird im Hellenismus als eine Alternative verstanden: Wann ist es gut, sich vom politischen Handeln zurückzuziehen?
2. Die Frage nach der Beziehung zwischen „mit sich selbst beschäftigt sein" und der Pädagogik. Während für Sokrates die Beschäftigung mit sich selbst eine Frage der Jugend ist, wird im Hellenismus diese Beschäftigung als eine Daueraufgabe verstanden.
3. Die Frage nach der Beziehung zwischen „Sorge um sich" und „Erkenne dich selbst". Im Hellenismus wird der praktischen Sorge um sich Vorrang gegeben.
4. Die Frage nach der Beziehung zwischen Selbstsorge und philosophischer Liebe oder der Beziehung zu einem Meister.

Das Sokratische Nicht-Wissen war nicht lediglich eine intellektualistische Haltung der skeptischen Widerlegung, sondern sie hatte eine positive lebenskünstliche Komponente: „Sokrates ging es um eine konkrete Praxis, die anhand von bestimmten Maximen sich und die anderen ‚besser zu machen' trachtete" (Martens 1992: 131). Die Grundmaxime seiner Lebensführung lautete:

Denn nicht nur jetzt, sondern schon immer bin ich so beschaffen, daß ich keiner anderen Regung folge als der Überzeugung (*logo*), die sich mir beim Überlegen als die beste herausstellt (Platon 1988, Kriton 46b 4–6).

Diese ständige Bereitschaft zur Revision der eigenen und der kollektiven überlieferten Überzeugungen, nicht aufgrund eines Zwangs, sondern aus eigener Einsicht im Hinblick auf das praktische Handeln, stellt den Kern der Sokratischen Lebenskunst dar. Die Gewinnung von Einsicht geschieht aber nicht nur im Selbstdenken, sondern auch im Dialog bei ständiger Berücksichtigung der Meinungen der anderen, besonders der Sachverständigen, unter Beachtung der Gesetze der *polis* und der Unterwelt, der Einhaltung von Versprechen usw.

Sokrates' Haltung vor Gericht und im Gefängnis ist das Ergebnis einer langen Übung in diesen Maximen, die Hadot so beschreibt: „nicht in der Lehre einer abstrakten Theorie, noch weniger in der Auslegung von Texten, sondern in einer Lebenskunst" stellte sich für Sokrates die Philosophie dar (Hadot 1991: 15). Von hier aus ist Platons Schriftkritik zu verstehen, nämlich im Sinne einer aus dem lebendigen Kontext herausgenommenen Lehre, die stets eines konkreten, existentiellen Vollzuges bedarf (vgl. Szlezák 1985).

Der Begriff *Sorge um sich* beinhaltete in der nachfolgenden griechisch-römischen Antike konkrete Aktivitäten (Verpflichtungen), und meinte vor allem sich zurückziehen im Sinne einer aktiven Muße. Zu diesen Aktivitäten zählten: meditieren, lesen, schreiben, mit anderen reden mit dem Ziel, sich für Zeiten des Unglücks und des Todes vorzubereiten. Sie dienten auch der Therapie der Leidenschaften, die, nach Meinung aller antiken Philosophen, die Hauptursache für das Leid darstellten.

Hadot (1991: 15–23) nennt folgende Übungen:

1. Geistige Übungen: **Wachsamkeit:** die ständige Anspannung und Entspannung des Geistes. Die Aufmerksamkeit ist auf den gegenwärtigen Augenblick gerichtet. Wir fragen uns, so die Grundregel von Kaiser Marc Aurel: Was steht in unserer Macht und was nicht? Um für die jeweilige Gelegenheit vorbereitet zu sein, sollte man sich darin üben, diese Unterscheidung stets griffbereit *(procheiron)* zu halten.

Meditation: diese Form der Übung, vor allem im Hinblick auf Schicksalsschläge und auf den Tod (*praemeditatio malorum* und *mortis*) wurde vor allem im Epikureismus geübt. Sie beinhaltete vorbereitende und nachprüfende Überlegungen morgens und abends sowie auch eine Untersuchung der Träume.

2. Intellektuelle Übungen: Sie bezogen sich vor allem auf die Lektüre der Sentenzen von Dichtern und Philosophen (*Apophthegmen*) und auf die Auslegung philosophischer Texte, aber auch auf das Zuhören von Vorträgen und auf die Untersuchung und Prüfung im Rahmen eines Unterrichts.

3. Praktische Übungen: Sie dienten der Schaffung von Gewohnheiten und bezogen sich entweder auf eine geistige Einstellung, wie zum Beispiel die Gleichgültigkeit gegenüber dem Gleichgültigen, oder auf eine praktische Verhaltensweise, wie die Selbstbeherrschung oder die Ausübung von Pflichten.

In seinem *Brief an Menoikeus* beginnt Epikur (342–271 v. Chr.) seine Lehre mit folgenden Worten:
„Wer jung ist, soll nicht zögern zu philosophieren, und wer alt ist, soll nicht müde werden im Philosophieren. Denn für keinen ist es zu früh und für keinen zu spät, sich um die Gesundheit der Seele zu kümmern."
Und er beschließt seine Ausführungen mit folgender Bemerkung:
„Dieses und was dazu gehört, überdenke Tag und Nacht in dir selber und zusammen mit dem, der deinesgleichen ist. Dann wirst du niemals, weder im Wachen noch im Schlafen, beunruhigt werden, und du wirst unter den Menschen leben wie ein Gott. Denn keinem sterblichen Wesen gleicht der Mensch, der inmitten unsterblicher Güter lebt" (Epikur 1986: 101, 105).
Die antike Tradition der Seelenleitung erreicht besondere Höhepunkte in der römischen Tradition, wie zum Beispiel bei Seneca und Marc Aurel. Senecas (4–65 n. Chr.) Ideal eines glücklichen Lebens in Übereinstimmung mit der Natur gründet in der Übung der *indifferentia*, der Beherrschung der Affekte, die zur Seelenruhe (*tranquillitas animi*) führt.[4] Die geistigen Übungen Marc Aurels (121–180 n. Chr.) sind *Wege zu sich selbst* und wurden auf Feldzügen geschrieben. Sie betreffen die Disziplinierung des Begehrens, die Haltung gegenüber den Mitmenschen und die Verhaltensweisen im Denken. Eine Grundregel Marc Aurels stellt das Handeln „unter Vorbehalt" dar: Wir sollten alles tun, um zum Ziel zu gelangen, aber ohne zu vergessen, daß der Erfolg nicht von uns, sondern von der Gesamtheit der Ursachen abhängt. Diese Haltung der Indifferenz spielt zum Beispiel eine entscheidende Rolle in den *Exercitia spiritualia* des Ignatius von Loyola. Marc Aurels Brief an seinen Geliebten Fronto zeigt auch, daß die Techniken der Lebensgestaltung im Sinne einer *ars erotica* durchaus die Sorge um den Leib berücksichtigten.
Foucault bemerkt, daß im Hellenismus verschiedene Verschiebungen gegenüber den griechischen Praktiken stattfinden. So zum Beispiel eine Verlagerung vom pädagogischen zum medizinischen Modell, eine Umkehrung des griechischen Ideals der Jugend, ein Verschwinden des Dialogs und eine Betonung der Rolle des Meisters gegenüber dem schweigenden Schüler. Letzteres kommt aber bereits in der pythagoräischen Überlieferung vor (Foucault 1993: 40–45). Zu den antiken Künsten der Lebensgestaltung gehörte auch die Traumdeutung, wie wir sie zum Beispiel aus Artemidor (2. Jh. n. Chr.) kennen (Artemidor 1991). Er unterschied zwischen Träumen, bei denen wir etwas anschauen, und Träumen, die künftige Ereignisse ankündigen. Wie man weiß, wird diese Technik erst im 19. Jahrhundert eine

---
4 Vgl. I. Hadot (1969).

zentrale Rolle bei der Frage nach Möglichkeiten und Grenzen unserer (bewußten) Selbstgestaltung spielen!

Im Hinblick auf den Übergang von den antiken geistigen zu den christlichen geistlichen Techniken der Lebensgestaltung sollte man folgendes beachten. Die antiken Techniken der Selbstanalyse sind zum Teil in einem juristischen Vokabular verfaßt, sie sind aber nicht im Sinne der christlichen Beichte als eine Rechtfertigung gegenüber einer persönlichen göttlichen Instanz aufzufassen. Die antike *askesis* (Übung) ist ferner nicht durch Weltverzicht zugunsten eines Jenseits gekennzeichnet, sondern sie versteht sich als Einstimmung mit einer übergreifenden, aber diesseitigen Realität. Dementsprechend ist das Ziel nicht das Seelenheil, sondern die *tranquillitas animi* (Seelenruhe).

Gleichwohl gehören zu den antiken Selbstbeherrschungstechniken die Meditation und die Abstinenzpraktiken. Die Meditation betraf die Vorbereitung für künftige Situationen, war also eine Arbeit des Imaginierens: Man stellt sich vor, was passieren würde, wenn ... Die Stoa bevorzugte negative Meditationsstoffe (*praemeditatio malorum*), während die Epikureer glaubten, das Glück eher durch das Denken des Angenehmen zu erreichen. Die Abstinenzpraktiken hatten auch einen vorbereitenden Charakter: Man sollte dies oder jenes freiwillig ertragen, um für den Fall vorbereitet zu sein. Der Sinn dieser leiblichen Abstinenzpraktiken verändert sich durch ihre Verchristlichung.

Von den geistigen zu den geistlichen Übungen

Es ist ein Hauptverdienst Paul Rabbows, durch eine minutiöse Analyse den komplexen Prozeß der Verchristlichung philosophischer Übungen dargestellt zu haben. In seiner Würdigung Rabbows weist Hadot darauf hin, daß Rabbow das Phänomen der geistigen Übungen zu sehr von der Innenwendung im griechischen Bewußtsein des 3. Jh. v. Chr. abhängig gemacht hat. Denn die Praxis der geistigen Übungen zeichnet sich bereits in den sokratisch-platonischen Dialogen, in Praktiken des Miteinanderredens, ab (Hadot 1991: 48).

Durch die Übernahme der geistigen Übungen durch das Christentum verwandelt sich die antike *askesis* (Übung) als innere Tätigkeit des Denkens in die christliche Meditation. Der Askesis-Begriff hat später im Christentum die Bedeutung von Enthaltsamkeit in bezug auf Speise und Trank, auf Wohnung, Schlaf, Kleidung, Besitz und Geschlechtsverkehr. Die *philosophia* wird als christliche Lebensweise aufgefaßt. Die Wachsamkeit schließlich wird als Übung der Unterwerfung unter den göttlichen Willen verstanden.

Diese knappen Hinweise zeigen bereits die Verflechtung der antiken Technologien des Selbst mit veränderten Wahrheits- und Glaubensgewißheiten. Sie prägen jetzt eine andere seelische Haltung sowie einen anderen Lebensstil, der weder rein evangelisch noch rein philosophisch ist. Ein besonders interessantes Phänomen dieser gegenseitigen Beeinflussung stellt die Entstehung und Verbreitung des Mönchtums dar.[5]

Für die griechischen Väter, wie zum Beispiel bei den Kappadokiern (Basil von Cäsarea, Gregor von Nazianz, Gregor von Nyssa) sowie bei Johannes Chrysostomos und später auch bei den lateinischen Vätern ist das Christentum „unsere Philosophie", die „vollständige Philosophie". Dabei handelt es sich, wie Hadot betont, um eine gegenseitige Verwandlung, denn die philosophischen Übungen bewirken auch die Einführung von neuen Elementen, wozu auch zum Beispiel der Begriff der Askese, des Wiederholens von Handlungen, des *trainings*, um sich zu ändern, gehört. Diese geistige Haltung steht im Gegensatz, so Hadot, zur Spontaneität des Evangeliums (Hadot 1991: 48f.). Das erstrebte Ideal ist auch von neuplatonischen Vorstellungen, wie zum Beispiel die der Leidenschaftslosigkeit *(apatheia)*, gefärbt. Spezifische christliche Elemente sind zum Beispiel der Bezug auf die Gnade Gottes in den Übungen, die Erhöhung der Demut zur höchsten Tugend, die Bußfertigkeit und der Gehorsam.

Im Hinblick auf die Methoden der Meditation hebt Rabbow folgende Parallelen und Unterschiede zwischen den Exerzitien in Antike und Christentum hervor. Zum einen die streng methodisch geformte Meditation, besonders mit Hilfe der Methode des Wiederkäuens. Gedanken wie das „täglich sterben" *(cotidie morimur)* oder die Vergänglichkeit der Dinge sind Gemeinplätze *(loci communes)* sowohl in der Antike als auch im Christentum. Zum anderen gibt es Parallelen in bezug auf die rhetorischen Techniken, wie zum Beispiel die Methoden der Anschaulichkeit, der Zergliederung, der Griffbereitschaft und der Vergrößerung. Diese Methoden spielen in den Ignatianischen Exerzitien, die einen Höhepunkt der Selbsttechnologien in der christlichen Tradition darstellen, eine besondere Rolle. So zum Beispiel die Meditationstechniken der Umstände *(circunstancias)*, der Anschaulichkeit des Ortes *(compositio loci)* und der existentiell-imaginativen Anwendung der fünf Sinne. Rabbow bemerkt, daß, während die antiken Techniken mehr wortorientiert waren, die barocken Techniken des Ignatius von Loyola eher bildorientiert sind. Auch spielt die Affektivität eine größere Rolle als in der Antike. Schließlich hat das außerrationale Moment der Offenbarung keine in der Antike vergleichbare Dimension.

Rabbow analysiert die Übungen der Selbstprüfung *(examen conscientiae)* und der Selbstermahnung, die man zum Beispiel im antiken morgendlichen Vordenken (den-Vorspruch-sagen) findet. Er weist auf die Parallele des stoischen Handelns unter Vorbehalt mit der Ignatianischen Indifferenz hin. Es gibt auch erstaunliche Äquivalenzen in den Methoden der Selbstbeeinflussung durch verbale Akte, in der Praxis der Lesung, in der Beziehung zwischen Jünger und Meister und in der Kunst

---

5   Vgl. Oury (1987), Lohse (1969), Tasinato (1989). Oury favorisiert die Hypothese, daß ein Ursprung des im 3. Jh. n. Chr. entstehenden Mönchtums bei den Essenern zu suchen ist. Die stoische Tradition hätte erst einen späteren Einfluß gehabt (Oury 1987: 16–26).

der Seelsorge. Rabbow zieht die Schlußfolgerung, daß die philosophischen Methoden der Seelenführung auf dem Prinzip der Affekthemmung beruhen und daß sie sich dadurch von den entladenden *(kathartischen)* Methoden, wie zum Beispiel Mystik, Tanz, Orgien und Wahnsinn unterscheiden. Dennoch handelt es sich bei der philosophischen Seelenleitung *(Psychagogik)* keineswegs um eine ausschließlich rationale Methodik, sondern sie enthält auch Übungen der Entladung, wie Ablenkungen, Gegenphantasien und autosuggestive Hilfen, wie die auszusprechenden Wiederholungen.

Foucault (1993: 51–56) hebt in seiner Analyse zwei Selbsttechniken des Frühchristentums hervor, die des öffentlichen Bekenntnisses *(exomologesis)* und die der Selbstanalyse *(exagoreusis)*. Die *exomologesis* zielt darauf hin, die Wahrheit rituell zu zeigen, zum Beispiel in Form der Buße. Bei der *exagoreusis* handelt es sich um jene Praktiken, wodurch die Wahrheit ausgesprochen werden soll. Diese Verbalisierungsübungen haben ihre Vorfahren in den stoischen Techniken des Bezugs zu einem Meister. Die christliche Selbstprüfung steht aber unter dem Prinzip des Gehorsams und der Selbstaufgabe. Die Kontemplation wiederum richtet sich auf Gott. Die Wachsamkeit besteht in der Prüfung der Unterscheidung der Gedanken, in der Erfahrung ihrer Herkunft und in der Reinheit der Seele. Es ist nicht mehr die Frage nach dem Erreichen der Seelenruhe *(tranquillitas animi)* durch die Einhaltung oder Nicht-Einhaltung von bestimmten Regeln, die den Geist jetzt bewegt, sondern das Problem der Selbsterforschung und der Unterstellung unter den göttlichen Willen.

Die Unterscheidung der Gedanken, die in den Ignatianischen Exerzitien eine zentrale Rolle spielt, führte im Mönchtum zu Praktiken des Verbalisierens gegenüber dem Oberen oder in der Praxis der Beichte, und sie stand unter dem Zeichen der Selbstverleugnung. Die *exomologesis* wird im Sinne einer Selbstverleugnung am Modell des Martyriums verstanden. Ein besonders eindrucksvolles Zeugnis des mönchischen Lebensideals stellen die Schriften Cassians (360–430 n. Chr.) dar (Cassien 1955). Gegenüber den griechischen und hellenistischen Meditationstechniken werden neue gebildet, wie zum Beispiel die Atmungstechnik des Herzensgebetes *(Hesychasmus)*, die durch die Stille *(hesychia)*, die Wachsamkeit und den immerwährenden Gedanken an Gott gekennzeichnet ist.

Eine besonders eindrucksvolle Formel für die christliche Problematik des Zusammenwirkens menschlichen und göttlichen Handelns, das die Mitte der Formung einer christlichen Existenz ausmacht, findet man in einem Ignatius von Loyola zugeschriebenen Ausspruch. Er lautet: „Vertraue so auf Gott, als ob der Erfolg der Dinge ganz von dir, nicht von Gott abhinge; wende dennoch dabei alle Mühe so an, als ob du nichts, Gott allein alles tun werde."[6] Diese Haltung des Got-

---

6 Überliefert von G. Hevenesi (1919), zitiert nach Rahner/Imhof (1978: 78). Die lateinische Fassung lautet: „Sic Deo fide, quasi rerum successus omnis a te, nihil a Deo penderet; ita tamen iis operam omnem admove, quasi tu nihil, Deus omnia solus sit facturus." Eine ebenfalls tradierte, aber vereinfachte Version dieser Formel lautet, daß man Gott vertrauen sollte, als ob der Erfolg der Dinge ganz

tesvertrauens als Selbstvertrauen bei gleichzeitigem menschlichen Tun als Gottes Tat, ist insofern eine mystische Haltung, als sie beides vereint, ohne die Differenz zu annulieren. Sie ist vom Quietismus und vom Aktivismus gleich weit entfernt.

Die Einübung dieser Haltung, das „Gott suchen in allen Dingen", liegt der Ignatianischen Indifferenz zugrunde. Zu Beginn seiner *Exerzitien* schreibt Ignatius:

„Unter diesem Namen *geistliche Übungen* ist jede Weise, das Gewissen zu erforschen, sich zu besinnen, zu betrachten, mündlich und geistig zu beten, und anderer geistlicher Betätigungen zu verstehen, wie weiter unten gesagt wird. Denn wie das Umhergehen, Wandern und Laufen leibliche Übungen sind, genauso nennt man *geistliche Übungen* jede Weise, die Seele darauf vorzubereiten und einzustellen, alle ungeordneten Anhänglichkeiten von sich zu entfernen und, nachdem sie entfernt sind, den göttlichen Willen in der Einstellung des eigenen Lebens zum Heil der Seele zu suchen und zu finden" (Ignatius von Loyola 1988: 11 vgl. Jalics 1994).

Die Ignatianischen Exerzitien beruhen auf der Erfahrung der Zurückgezogenheit (für einen Monat, eine Woche, einige Tage ...) in Verbindung von Gebetstechniken und Techniken der geistigen Selbsterforschung und Erwägung. Sie sind auf die Lebenswahl und auf die Lebenswandlung gerichtet. Die Grundlage für die Wahl stellt wiederum jene Haltung, wodurch wir uns gegenüber allen geschaffenen Dingen in allem, was der Freiheit unserer freien Entscheidungsmacht gestattet und ihr nicht verboten ist, indifferent machen. Wir sollen also nicht unsererseits mehr wollen: Gesundheit als Krankheit, Reichtum als Armut, Ehre als Ehrlosigkeit, langes Leben als kurzes; und genauso folglich in allem sonst, indem wir allein wünschen und wählen, was uns zu dem Ziel hinführt, zu dem wir geschaffen sind, wie Ignatius im „Prinzip und Fundament" seiner Exerzitien ausführt.

Um dies zu erreichen, ist es notwendig, sich in der „Unterscheidung der Geister" zu üben. Man trifft hier eine verwandelte, verchristlichte Form jener Beratungsübungen an, die den Kern der antiken Ethik ausmachten. Sie sind jetzt Übungen in der Einsamkeit und im Dialog mit demjenigen, „der die Übungen gibt", und sie zielen auf eine unmittelbare Begegnung des Menschen mit Gott, der der nicht festlegbare Maßstab für die Lebensgestaltung ist.

Dazu sollen jene Techniken helfen, die die Phantasie des Meditanten aufrufen und seine Affekte bewegen, wie zum Beispiel die Methode der Vergegenwärtigung: „Stell dir vor, du seist zugegen bei ..." unter Einbeziehung der Sinne. Rabbow hat ausführlich die Parallelen zwischen den Ignatianischen und den antiken Meditationstechniken analysiert. Zu den Ignatianischen Technologien der Lebensgestaltung gehören aber auch die Briefe – Ignatius führte eine umfangreiche Korrespondenz – sowie die gemeinsame Beratung mit den Gefährten zur Willensfindung.

---

von ihm abhinge, und die Mittel einsetzen sollte, als ob Gott nichts, sondern der Mensch allein alles tun werde (Thesaurus Spiritualis Societatis Iesu 1950: 317).

Ich brauche kaum zu erwähnen, daß die Praxis des Wortes in ihrer Spannung mit der Liebe zur Gemeinschaft durch einen ehemaligen Augustinermönch namens Martin Luther eine neue Form der christlichen Lebensgestaltung bedeutete![7]

Hadot und Rabbow ziehen aus diesem Prozeß der Verchristlichung der antiken geistigen Übungen die Schlußfolgerung, daß, als dieser Begriff „Bestandteil der christlichen Spiritualität wurde", „die Philosophie ihres existentiellen Inhalts verlustig [wurde]" (Hadot 1991: 10). Oder vielleicht nicht ganz?

Von der Asketik der Aufklärung zur integrativen Ethik

In Abweichung von der These Foucaults, wonach in der Neuzeit, besonders bei Descartes, und nicht schon im Mittelalter, wie Hadot (1991: 180–181) meint, die Philosophie nicht mehr als Arbeit des Ich an sich selbst gelebt wurde, möchte ich auf einige Spuren der Lebenskunst bei Descartes, Spinoza und Kant kurz eingehen.

Man sollte zunächst nicht vergessen, daß Descartes (1596–1650) im Jesuiten-Collège von La Flèche erzogen wurde. Besonders interessant für unsere Fragestellung sind jene berühmten Träume, die Descartes im Winter 1619 in Ulm hatte, wovon einer sich auf einen Vers bezog, der lautet: Welchen Lebensweg soll ich einschlagen? *(Quod vitae sectabor iter?)* (Descartes 1986, Bd. X: 179 ff.).

Seine *Regulae ad directionem ingenii* (1628) betreffen zwar die Bildung des wissenschaftlichen Geistes, aber auch da findet man deutliche Spuren der Tradition der geistigen und geistlichen Übungen: man muß länger bei einer Sache bleiben, man soll seinen Scharfsinn üben usw. (vgl. Regel IX–XI). Aber vor allem der *Discours de la méthode* (1637) entsteht aus der Frage nach der Lebensgestaltung, die mit Hilfe einer „provisorischen Moral" eine vorläufige Antwort findet.

Manche Praktiken erinnern unmittelbar an Ignatianische und antike Übungen: Er zieht sich zurück aufs Land, um in der Einsamkeit zu meditieren („me retirer ici, en un pays ... j'ai pu vivre aussi solitaire et retiré que dans les déserts plus écartés") (Descartes 1952: 146). Auch für seine *Meditationes* sucht er die Zurückgezogenheit: „Jetzt, da mein Geist frei von allen Sorgen ist und daß ich mich eine sichere Ruhe in einer friedlichen Einsamkeit verschafft habe, werde ich mich ernsthaft und frei dazu widmen, alle meine alten Vorurteile zu zerstören" („Maintenant donc que mon esprit est libre de tous soins, et que je me suis procuré un repos assuré dans une paisible solitude, je m'appliquerai sérieusement et avec liberté à détruire généralement toutes mes anciennes opinions", Descartes 1952: 267; dt. Übers. v. Verf.).

---

[7] Das Emblem des Augustinerordens (die heilige Schrift mit einem von einem Pfeil durchbohrten brennenden Herzen) stellt eine Versinnbildlichung von Augustinus, Confessiones IX, II, 3 dar: „Du hattest unsere Herzen mit deiner Liebe wie mit einem Pfeil durchbohrt; wir trugen deine Worte mit uns herum, denn sie waren uns unter die Haut gegangen" („Sagittaveras tu cor nostrum caritate tua, et gestabamus verba tua transfixa visceribus") (zitiert nach Augustinus 1989).

Die Zweifelstechnik ist eine Technik der nicht bloß intellektuellen, sondern ebensosehr existentiellen Versicherung und der Selbstbestimmung. In *Les passions de l'âme* (1649) hebt Descartes sein Ziel einer absoluten Beherrschung über die Leidenschaften, um dadurch seine Seelenruhe (*tranquilité de son âme*) zu erlangen, hervor (Descartes 1952: Art. 50, 149).

Dem Rückzug in die Einsamkeit entspricht eine andere neuzeitlich veränderte Praxis, die der Veröffentlichung seiner Gedanken und der öffentlichen Auseinandersetzung, auch in Form von Briefen und Dialogen. Denn obwohl der Gedanke einer Veröffentlichung des Gedachten und Erlebten bereits in Platons Dialogen zu finden ist, gehört für Descartes das gedruckte (!) Wort zum positiven Medium der Lebensgestaltung. Er sucht die kritische Auseinandersetzung, und diese wird, zusammen mit dem Selbstgedachten, zum Mittel für die Bestimmung der Wahrheit, zur Übung und zum Kriterium der Unterscheidung zwischen dem Wahren und dem Falschen. Die Bekämpfung der Vorurteile und der Leidenschaften steht in der Neuzeit unter dem Primat der menschlichen Subjektivität und der Rationalität. Die Selbstanalyse wird zu einer Gewißheitsprüfung, die Meditation zu einer Übung im Zweifeln. Die Wahrheit soll letztlich der Lebensführung dienen.

Das rationalistische Ideal der stoischen und cartesianischen Selbstbeherrschung wird von Spinoza (1632–1677) in Frage gestellt. Spinoza zweifelt an der Möglichkeit einer unumschränkten Herrschaft des Verstandes über die Affekte. Die Stoiker wurden

„durch den Widerspruch der Erfahrung, aber nicht von ihren Principien zu dem Eingeständnisse gezwungen, dass zu deren Einschränkung und Beherrschung nicht geringe Übung und Anstrengung (*usum, et studium non parvum*) erfordert werde" (Spinoza 1980: 508–509).

Descartes wiederum nimmt an,

„dass keine Seele so schwach sey, um nicht bei richtiger Leitung eine unumschränkte Gewalt über ihre Leidenschaften erringen zu können",

denn die Leidenschaften hängen von den Wahrnehmungen und diese wiederum von unserem Willen ab. Letzterer wird aber durch „sichere und feste Urtheile" bestimmt (Spinoza 1980: 508–509).

Demgegenüber betont Spinoza, daß nicht bloß durch Erkenntnis, sondern durch Übung der Mensch sich formen kann, denn

„das Beste also, was wir bewirken können, so lange wir keine vollkommene Erkenntnis unserer Affekte haben, ist, dass wir eine richtige Lebensweise oder bestimmte Lebensregeln feststellen, sie ins Gedächtnis prägen und bei den oft vorkommenden Einzelfällen des Lebens beständig anwenden, damit so unsere Einbildungskraft durchweg davon erfüllt werde, und sie uns immer zur hand seyen. Wir haben z. B. unter die Lebensregeln gestellt (L. 46, Th. 4, Anm.) der Hass müsse durch Liebe oder Edelmuth überwunden und nicht durch gegenseitigen Hass vergolten werden. Damit wir aber diese Vorschrift der Vernunft zur Anwendung stets gegenwärtig haben, müssen wir die gewöhnlichen Beleidigungen der Menschen oft erwägen und überdenken, wie und auf welche Weise man sie durch Edelmuth am besten abwehrt; denn so verbinden wir das Bild der Beleidigung mit der Phantasievorstellung dieser Regel und (nach L. 18, Th. 2) wird sie uns immer gegenwärtig seyn, wenn uns eine Beleidigung zugefügt wird" (Spinoza 1980: 10. Lehrsatz, Anm. 521–522).

Eine genauere Parallele zu den stoischen Übungen kann man sich kaum vorstellen!

Schließlich möchte ich auf die Bedeutung der „ethischen Asketik" in Kants (1724–1804) *Metaphysik der Sitten* hinweisen. Die folgende Passage gibt seine Einstellung gegenüber den tradierten asketischen Praktiken wieder:

„Die Regeln in der Übung der Tugend *(exercitiorum virtutis)* gehen auf die zwei Gemütsstimmungen hinaus: *wackeren* und *fröhlichen* Gemüts *(animus strenuus und hilaris)* in Befolgung ihrer Pflichten zu sein. ... Die Cultur der Tugend, d. i. die moralische *Ascetik*, hat in Ansehung des Princips der rüstigen, muthigen und wackeren Tugendübung den Wahlspruch der *Stoiker*: gewöhne dich die zufälligen Lebensübel *zu ertragen* und die eben so überflüssigen Ergötzlichkeiten *zu entbehren (assuesce incommodis et desuesce commoditatibus vitae)*. Es ist eine Art von *Diätetik* für den Menschen, sich moralisch gesund zu erhalten. *Gesundheit* ist aber nur ein negatives Wohlbefinden, sie selber kann nicht gefühlt werden. Es muß etwas dazu kommen, was einen angenehmen Lebensgenuß gewährt und doch bloß moralisch ist. Das ist das jederzeit fröhliche Herz in der Idee des tugendhaften *Epikurs*" (Kant 1914, AA VI: 484–485).

Kant vereint damit die Grundprinzipien der stoischen und der epikureischen Ethik. Er nimmt anschließend Abstand von der Mönchsasketik:

„Die Mönchsascetik hingegen, welche aus abergläubischer Furcht, oder geheucheltem Abscheu an sich selbst mit Selbstpeinigung und Fleischeskreuzigung zu Werke geht, zweckt auch nicht auf Tugend, sondern auf schwärmerische Entsündigung ab, sich selbst Strafe aufzulegen und, anstatt sie moralisch (d. i. in Absicht auf Besserung) zu *bereuen*, sie *büßen* zu wollen, welches bei einer selbstgewählten und an sich vollstreckten Strafe (denn die muß immer ein anderer auflegen), ein Widerspruch ist, und kann auch den Frohsinn, der die Tugend begleitet, nicht bewirken, vielmehr nicht ohne geheimen Haß gegen das Tugendgebot statt finden. Die ethische Gymnastik besteht also nur in der Bekämpfung der Naturtriebe, die das Maß erreicht, über sie bei vorkommenden, der Moralität Gefahr drohenden, Fällen Meister werden zu können; mithin die wacker, und im Bewußtsein seiner wiedererworbenen Freiheit, fröhlich macht" (Kant 1914, AA VI: 484–485).

Die Kontinuität mit der antiken Lebenskunst und der Bruch mit ihrer Verchristlichung (zumal mit bestimmten Formen!) kommt hiermit deutlich zum Ausdruck. Zugleich sollte man aber nicht vergessen, daß Kant die antike Moral des Wollens und des Glücks auf eine Moral des Sollens und der Pflicht einengt.

Mit Recht betont Hans Krämer (1992) die Notwendigkeit einer integrativen Ethik, die sowohl die neuzeitliche Tradition der Moralität als auch die antike Tradition der Ethik als Formung des gesamten Lebens umfaßt, ohne aber ihre Spannung aufzuheben. Denn es ist inzwischen kaum zu bestreiten, daß wir mit Hilfe von moralischen Imperativen allein der Komplexität der modernen Welt kaum gewachsen sind. Wir brauchen eine Reflexion und eine ethische Technologie, die sowohl die im engeren Sinn moralischen als auch die nicht moralischen Aspekte menschlichen Lebens umfaßt und ihre Bruchstellen aufdeckt, so daß die Frage nach den offenen Handlungsspielräumen sich stellen kann.

Dem Prinzip des Lebenssollens, muß auch dem des Lebenskönnens und des Lebenswollens beigesellt werden. Eine solche ethische Technologie steht unter dem Primat ihrer individuellen und sozialen Einübung, und zwar als Voraussetzung einer sogenannten Institutionenethik (Capurro 1994a: 161–174). Zu einer Ethik der Lebenskünste gehört die Wahrnehmung und das Bewahren der Pluralität, die sich in einer Vielfalt von Lebensformen entfaltet. Aufgabe unserer Zeit ist aber auch, diese Vielfalt von Lebensnormen und Lebensformen auf der Grundlage einer gemeinsam zu verantwortenden natürlichen Umwelt zu ermöglichen. Die Künste des Existierens sind heute als menschheitliche Aufgabe auch ökologische Künste.

Wenn wir anders werden wollen, und die Gefahren des *so weiter machen* liegen überall offen zutage, dann nur, wenn wir vorerst wissen, wer wir geworden sind. Mit anderen Worten, was zunächst wie eine bloße historische Analyse von kulturellen Praktiken aussieht, hat eine lebenspraktische Bedeutung für die heutige Formung unseres Selbst, und zwar nicht bloß individuell, sondern vor allem im Hinblick auf unser kollektives Mensch-sein. Die Lebenskünste sind keine solipsistischen Techniken der Selbstbeschäftigung oder gar eine Flucht in die Welt des Ästhetischen, sondern sie sind die Weise, wie wir die Gestaltung unseres Lebens durch die anderen Techniken, die Produktionstechniken, die Informations- und Kommunikationstechniken und die Herrschaftstechniken, in der offenen Dimension unseres „In-der-Welt-seins" vor-stellen können, so daß wir mitten in einer Welt, die sich nach den Gesetzen der Macht des Kapitals, der Technik und der Politik richtet, uns in der Grunderfahrung dieser Offenheit, die unser Leben in all seinen Dimensionen bestimmt, einüben.

Dafür können wir individuelle und kollektive Praktiken der Selbstformung in Erwiderung der Tradition der Technologien des Selbst neu entdecken, aus der Mitte einer säkularen, durch die Informationstechnologien geprägten Zivilisation, die durch Abgründe von Intoleranz und Aberglaube gekennzeichnet ist. Vielleicht bieten Übungen im Erfahren der Dimension der Gratuität unserer Existenz einen Ort, in dem jene Schenkung, die zuweilen Gott genannt wird, sich in wechselnder und wandelbarer Gestalt, mit und ohne Namen, auch heute zeigen kann.

Wenden wir uns jetzt der durch die Informationstechnologien geformten Gesellschaft aus der Perspektive der Lebenskunst zu.

Drittes Kapitel

Informationsgesellschaft und Technologien des Selbst im Widerstreit

Der dialektische Schein der Informationsgesellschaft

Eine philosophische Bewertung der Informationsgesellschaft scheint zunächst deshalb noch nicht möglich, weil die „Eule der Minerva" erst mit der einbrechenden Dämmerung, „nachdem die Wirklichkeit ihren Bildungsprozeß vollendet und sich fertig gemacht hat", ihren Flug beginnt. Denn „wenn die Philosophie ihr Grau in Grau malt, dann ist eine Gestalt des Lebens alt geworden, und mit Grau in Grau läßt sie sich nicht mehr verjüngen, sondern nur erkennen", wie Hegel am Ende der Vorrede der *Grundlinien der Philosophie des Rechts* ausführt (Hegel 1976: 28). Nun ist die Informationsgesellschaft alles andere als eine vollendete Gestalt des Lebens. Ich behaupte demgegenüber, daß so etwas wie eine vollendete Gestalt des Lebens für unsere endliche Vernunft nicht erkennbar ist. Wir haben immer nur mit unvollendeten, ja unvollendbaren Gestalten zu tun, die nichts anderes sind als vergangene Lebensentwürfe. Was aber als ein Mangel erscheinen könnte, ist in Wahrheit unsere Chance, aus den offenen Möglichkeiten unseres Lebens zum unvollendeten Vergangenen zurückzublicken, um es im Rahmen eines neuen Lebensentwurfs zu verwandeln. Die Kunst, uns vor- und rückwärts zu gestalten, nenne ich Lebenskunst.

Um es vorweg zu sagen: Die Informationstechnologien sind neutral. Damit meine ich nicht, daß sie wertneutral sind, denn jede Technologie, sofern sie unser Weltverhältnis verändert und neue Möglichkeiten eröffnet, ist eben nicht neutral. Sie sind aber ein Neutrum, weil ihnen keine eigenen offenen Verhältnisse aufgegeben, daß sie zu gestalten hätten. Insofern befinden sie sich, wenn dieser Unterschied erst wahrgenommen wird, nicht im Widerspruch, sondern im Widerstreit mit den „Technologien des Selbst".

In seinem Buch *Das postmoderne Wissen* beschreibt Jean-François Lyotard die Informationsgesellschaft als eine Zersplitterung jener Einheit des Wissens, die in der Neuzeit auf philosophischer und politischer Ebene angestrebt wurde. Mit den Informationstechnologien geht ein Teil des Wissensmonopols verloren, das bisher den Universitäten und dem Staat vorbehalten war. Das Ergebnis ist eine Abschwächung und Pluralisierung des modernen Subjekts, das sich im Labyrinth der Sprachspiele und der informationstechnischen Vernetzung verliert, sich als von ihnen mitbestimmt oder unter-worfen (*sub-jectum*) versteht. Die zentrale Frage ist dabei für Lyotard nicht die, ob etwa Datenbanken an sich eine uni-formierende

Wirkung auf den Menschen haben, sondern: „Wer wird die verbotenen Daten und Kanäle definieren? Wird es der Staat sein, oder wird dieser nicht vielmehr ein Benutzer unter anderen sein? Auf diese Weise werden neue Rechtsprobleme gestellt und durch sie die Frage: wer wird wissen?" (Lyotard 1986: 28).

Entscheidend ist die Frage nach dem öffentlichen Zugang zum elektronisch gespeicherten Wissen. Demgegenüber betont Wolfgang Welsch in einer, wie ich glaube, einseitigen Interpretation von Lyotard:

In *Das Postmoderne Wissen* geht Lyotard davon aus, daß die neuen Kommunikationstechnologien uniformierend sind. Die Hegemonie der Informatik bewirkt, daß als Erkenntnis zunehmend nur noch akzeptabel sein wird, was in Informationsquanten übertragen werden kann (Welsch 1987: 219).

Es gilt gegen den Ausschließlichkeitsanspruch des technologischen Zeitalters Widerstand zu leisten. Ist die Informationsgesellschaft eine *per se* uniformierende Gesellschaft oder birgt sie die Möglichkeit der Pluralität?

Die von den Informationstechnologien geprägte Gesellschaft stellt eine chaotische aus den Fugen geratene Welt dar. Diese Einsicht ist im Falle der Massenmedien evident. Denn diese verbreiten beliebige Inhalte in ununterbrochenen Sequenzen: Kriege und Krimis, Dallas und Bonn-direkt, die Hitparade und die Tagesthemen, Dingsda und Softpornos. Für Peter Sloterdijk stellt dieser *additive Stil* der Massenmedien die Grundlage für ihren Zynismus dar. Er schreibt:

„Nur weil sie sich auf dem Nullpunkt gedanklicher Durchdringung festgesetzt haben, können sie alles geben und alles sagen, und dies wiederum alles auf einmal. Sie haben nur ein einziges intelligibles Element: das ‚Und'. Mit diesem ‚Und' läßt sich buchstäblich alles zu Nachbarn machen. ... In dieser Gleichgültigkeit des ‚Und' gegenüber den Dingen, die es nebeneinanderstellt, liegt der Sproß zu einer zynischen Entwicklung. Denn es erzeugt durch die bloße Aneinanderreihung und die äußerliche syntagmatische Beziehung zwischen allem eine Einerleiheit, die den aneinandergereihten Dingen Unrecht tut. ... Aus der Gleichförmigkeit der ‚Und'-Reihe wird schleichend eine sachliche Gleichwertigkeit und eine subjektive Gleichgültigkeit" (Sloterdijk 1983: 571–573).

Das Ergebnis ist der Verlust der Kritikfähigkeit. Aufgrund der informationellen Überforderung wird einem alles egal.

Die Informationstechnologien erzeugen ferner ein geopolitisches Chaos. Der in Echtzeit erzeugte Medienraum sprengt alle Grenzen, so daß, wie Paul Virilio betont, die mediatisierte Stadt *(télécité)* alle bisherigen urbanistischen Vorstellungen fragwürdig macht. Das führt schließlich zu einem totalen Identitätsverlust, denn durch die Informationstechnologien wird nicht nur die Zeit, sondern auch der Raum vernichtet. Der Mensch verliert den Sinn für Lebensrhythmen und Orientierung (vgl. Virilio 1989). Alles gerät zu einer Inszenierung, oder, in den Worten des Medienökologen Neil Postman, „wir amüsieren uns zu Tode" (Postman 1985). Wir leben in einer Welt der „Simulakren" (Jean Baudrillard 1989) oder der totalen Simulation, in der es nicht mehr möglich ist, zwischen Realität und Inszenierung zu unterscheiden. Die Echtzeitbilder geben stets vor, die Wirklichkeit, so wie sie ist, zu vermitteln, aber der Zuschauer hat keine Chance und keine Zeit, die so als *die* Wirklichkeit übertragene Sequenz zu überprüfen. Dieser Verlust an Glaubwürdigkeit hat genauso fatale Konsequenzen für ein kritisches Bewußtsein wie der totale Glaube an die Medienwelt für ein unkritisches Bewußtsein. Anstelle des Sinns wird durch das Überwuchern der Information eine Schwelle überschritten, wodurch sich die gesellschaftlichen Gruppen zu einer Masse verwandeln, um schließlich durch eine solche fatale Strategie zu verschwinden (Baudrillard 1987: 68–69).

Demgegenüber stellt sich jene These dar, die in den Informationstechnologien zumindest eine Chance für eine demokratischere und rationalere Gesellschaft sieht. So unterscheidet Jürgen Habermas zwischen Steuerungsmedien wie Geld oder Macht, die unabhängig vom Kontext gelten, und den sprachabhängigen Medien, wozu die Massenmedien gehören. Letztere, so Habermas,

„lösen Kommunikationsvorgänge aus der Provinzialität raumzeitlich beschränkter Kontexte und lassen Öffentlichkeiten entstehen, indem sie die abstrakte Gleichzeitigkeit eines virtuell präsent gehaltenen Netzes von räumlich und zeitlich weit entfernten Kommunikationsinhalten herstellen und Botschaften für vervielfältigte Kontexte verfügbar halten" (Habermas 1988, Bd. 2: 573).

Massenmedien haben nicht nur ein autoritäres, sondern auch ein emanzipatorisches Potential. Sie wirken im Hinblick auf die Konsensbildung entlastend oder vereinfachend, und sie bleiben gegenüber der möglichen Kritik der Aktoren transparent. Die Informationsgesellschaft ist, zumindest *de jure,* eine durchsichtige(re) Gesellschaft. Man könnte folgende Gleichung aufstellen: Demokratie + Informationstechnologien = Informationsgesellschaft. Ist die Informationsgesellschaft eine *per se* chaotische Gesellschaft oder birgt sie die Möglichkeit der Rationalität?

Sind die Informations- und Kommunikationstechnologien die Hardware, wozu wir die (nicht ganz passende) Software sind? Ist die Informationsgesellschaft lediglich ein Vorstadium zu einer einzigen *society of minds,* einer *Mentopolis* (Marvin Minsky 1990), die sich um uns, wie um einen einzigen Leib netzwerkartig herum konstruiert? Bei Minsky liest man:

Maschinen und Gehirne brauchen gewöhnliche Energie, um ihre Arbeit zu tun; und sie benötigen keine anderen, mentalen Energiearten. Kausalität reicht völlig aus, sie auf ihre Ziele hinarbeiten zu lassen (Minsky 1990: 283).

Anstelle der verschiedenen Illusionen über mentale Kräfte wird der Geist als ein komplexes System von „mentalen Agenturen", welche auf verschiedene Weisen ihre „Transaktionen" regeln, verstanden.

Der menschliche Mikrokosmos ist dann nicht bloß der Schlüssel zum Makrokosmos, sondern er liefert Minsky das Modell für einen künstlich zu schaffenden überindividuellen Geist. Denn, wenn die Analogie zwischen Gehirn und Maschine zu einer Isomorphie wird, dann besteht kein Grund, daran zu zweifeln, daß die Emergenz eines individuellen Geistes nur die Vorstufe für eine neue Emergenz ist. Diese konnte bisher lediglich aus Mangel an Verbindungen zwischen den Agenturen nicht entstehen. Für diese technokratische Vorstellung stellt die Informationsgesellschaft eine Überbietung der modernen Subjektivität dar.

Eine negative Variante dieser technokratischen Vorstellung ist die Auffassung, daß die Informationstechnologien unlösbar mit der kriegerischen Geschichte verbunden sind. Was sie senden, sind „tödliche Signale" (Claus Eurich). Informationstechnologien sind Rüstungstechnologien. Die Informationsgesellschaft ist eine Zwischenstation, denn: „Die Endstation des Zuges, auf dem wir im Moment noch sitzen und für den es weder Fahrplan noch Weichen, noch Haltesignale zu geben scheint, heißt Krieg" (Eurich 1991: 203). Wie im Falle der Zerstörung der Natur lautet eine Antwort auf diese Bedrohung Informations- und Kommunikationsökologie.[1] Eine durch die Informationstechnologien geprägte Gesellschaft ist eine höchst verletzliche Gesellschaft. Ihr Schadenspotential steht nicht im Verhältnis zum tatsächlichen Nutzen. Sie ist also nicht zu verantworten (vgl. Roßnagel et al. 1989).

Von diesen Positionen unterscheidet sich jene postmoderne These, die in den Informationstechnologien eine Chance für die Abschwächung der modernen Subjektivität sieht. Für Vattimo haben die Massenmedien vor allem eine ästhetisch-rhetorische Wirkung. Sie künden das Ende eines individuell oder sozial sich in revolutionären Prozessen begründenden Subjektes an. Anstelle der befürchteten Herrschaft der Technik löst sich das neuzeitliche Subjekt gerade in und durch die Informationstechnologien auf, um einer allgemeinen Ästhetisierung des Sozialen Platz zu machen. Dabei findet keine Totalisierung oder gar Uniformierung der Gesellschaft, sondern eine Kontaminierung der unterschiedlichen Sprachen und Kulturen statt. Die Einheit der Informationsgesellschaft ist eine von der Vielfalt der Dimensionen stets gebrochene Einheit. Vattimo schreibt:

„Indem der Mensch und das Sein diese [metaphysischen] Bestimmungen verlieren, treten sie in einen schwingenden Bereich ein, den man sich meines Erachtens wie die Welt einer ‚erleichterten' Wirklichkeit vorstellen muß – erleichtert, weil hier die Trennung zwischen dem Wahren und der Fiktion, der Information, dem Bild weniger scharf geworden ist: es handelt sich um die Welt der totalen Medialisierung unserer Erfahrung, in der wir uns schon weitgehend befinden" (Vattimo 1990: 197).[2]

In vielen Ländern der Erde werden aber die Informationstechnologien durch die Staatsmacht dazu mißbraucht, das Heranwachsen individueller Subjektivitäten zu verhindern. Es wäre dann fatal, wenn die Informationstechnologien diese bereits schwachen Subjektivitäten noch schwächer machen würden (Capurro 1991e: 11–38). Ist die Informationsgesellschaft eine *per se* technokratische Gesellschaft oder birgt sie die Möglichkeit einer Umwandlung der Modernität?

---

1 Vgl. die Aktivitäten des Instituts für Informations- und Kommunikationsökologie (IKÖ, Dortmund) sowie Capurro (1990: 573–593).
2 Vattimo kritisiert Habermas' Utopie einer „durchsichtigen" Gesellschaft (vgl. Vattimo 1989).

Die Praktiken der Selbstformung haben nicht die Aufgabe, der Informationsgesellschaft Soll-Sätze vorzuschreiben, sondern sie avisieren die offenen Verhältnisse menschlichen Seins in ihrem Widerstreit mit dieser von der Informationstechnik geprägten Gesellschaft. Foucault stellt den Technologien des Selbst die „Technik der Biomacht" gegenüber, je nachdem, ob das Subjekt sich selbst gestaltet oder Gegenstand einer fremden Normierung wird. Er nimmt dabei Bezug auf den antiken Kynismus, für den das Verhältnis von Leben und Wahrheit – die Redefreiheit *(parrhesia)* – im Mittelpunkt stand. Die thomistische, auf Aristoteles zurückgehende Definition von Wahrheit als Übereinstimmung des urteilenden Verstandes und der Sache *(adaequatio intellectus et rei)* muß dementsprechend im Sinne eines Versuches, dem Leben in ihren offenen Dimensionen zu entsprechen, anstatt sich tradierten Lebensregeln zu unterwerfen, verstanden werden. Existentielle Wahrheit ist die Übereinstimmung des urteilenden Verstandes mit dem Leben *(adaequatio intellectus ad vitam)*. Sofern aber jede existentielle Übereinstimmung durch verborgene Seinsmöglichkeiten immer übertroffen wird, ist existentielle Wahrheit grundsätzlicher als „Un-Verborgenheit" (Heidegger) zu denken, das heißt als durch jene unverfügbare *Kleinigkeit* bestimmt, die den mannigfaltigen Weisen von (Nicht-)Übereinstimmung einen je eigenen Versuchscharakter einprägt.

Die Praktiken der Selbstformung sind alles andere als ein Ästhetizismus der Selbstgenügsamkeit, sowenig wie sie in einem leeren kulturkritischen Widerspruch zu den Informationstechnologien stehen. Die neuen Medien stellen für Foucault, wenn sie aus der offenen Perspektive der Lebenskunst betrachtet werden, eine Quelle der Wißbegierde und somit der Selbstveränderung dar:

„Das Problem besteht darin, die Informationskanäle, -brücken, -mittel, die Radio- und Fernsehnetze, die Zeitungen zu vervielfältigen. Die Wißbegierde ist ein Laster, das nach und nach vom Christentum, von der Philosophie und sogar von einer bestimmten Wissenschaftskonzeption stigmatisiert worden ist. Wißbegierde, Nichtigkeit. Dennoch gefällt mir das Wort; es suggeriert mir etwas anderes: es evoziert die ‚Sorge'; es evoziert, daß man sich um das was existiert *und* was existieren könnte bemüht" (Foucault o. D.: 17).

Foucault stellt diese Perspektive sowohl der Möglichkeit einer Monopolisierung der Informationstechnologien von oben als auch einer Nivellierung von unten entgegen. Er sieht, mit anderen Worten, die Möglichkeit eines Widerstreits anstatt eines Widerspruchs zwischen den Technologien des Selbst und der von den Informationstechnologien bestimmten Gesellschaft.

Zynische oder kynische Vernunft?

Die Informationsgesellschaft wird maßgeblich von den Massenmedien geprägt. Der durch sie gestaltete Offenheitsbereich ist, Sloterdijk zufolge, durch die Stimmung des Zynismus geprägt. Die offene und freie Mitte menschlichen Existierens wird durch einen Götzendienst der Mittel ausgefüllt. An die freie Haltung des antiken Kynismus anknüpfend, plädiert Sloterdijk für einen „Kynismus der Zwecke", bei dem das menschliche Leben sich dem „Nichts" in ihrer Mitte zukehrt (Sloterdijk 1983: 559–575, 876–897).[3] Sloterdijk und Foucault folgend, können wir dem offenen kynischen Verhältnis des Menschen zu seinem „In-der-Welt-sein" den Zynismus der durch die Massenmedien bestimmten Informationsgesellschaft entgegenstellen.

Man könnte einwenden, daß eine Gleichstellung von Massenmedien und Informationstechnologien unzulässig ist und daß dementsprechend die These vom Zynismus der Informationsgesellschaft zu relativieren ist. Dem ist zuzustimmen, sofern man einen strengen dichotomischen Unterschied zwischen Massenmedien und Individualmedien – man denke an das Telefon oder an den Personalcomputer – macht. Ich meine aber, daß eine Dichotomie zwischen Massenmedien und Individualmedien letztlich unhaltbar ist, da die Informationsgesellschaft sich gerade durch die vielfältige Durchdringung aller Informationstechnologien auszeichnet. Ferner ist zu bedenken, daß die Informationsgesellschaft zwar durch die Massenmedien, allen voran durch das Fernsehen, geprägt ist, daß sich aber ihr Sinn nicht in der Teleunterhaltung erschöpft, sondern daß sie primär auf das durch die Informationstechnologien geprägte wirtschaftliche Handeln ausgerichtet ist. Man spricht nicht umsonst von einem Informationsmarkt oder von der Umwandlung des Wissens in eine Ware.

Die Informationsgesellschaft stellt sich als eine durch zwei Extreme zerrissene Gesellschaft dar: Auf der einen Seite ist sie auf Unterhaltung, auf der anderen auf Wirtschaft gerichtet. Im Reich der Bilder gibt sie die Urteilskraft auf, im Reich der auf Nutzen verwendeten Zeichen verliert sie die Muße und wird zum *negotium*. In der Mitte liegt aber die Sprache als Medium der Lebenskunst, sowohl in ihren alltäglichen als auch in ihren festlichen Formen. Mit Bezug auf Jürgen Trabant schreibt Tilman Borsche über den *Verlust der sprachlichen Mitte unserer Kultur* folgendes: „Zwischen dem phantastischen Reich der Bilder (der Fiktion von Realität in Film und Fernsehen), in dem nichts uns wirklich angeht und dem technisch-praktischen Reich der Zeichen, in dem es auf die präzise Erfüllung von Anweisungen ankommt und jeder von uns austauschbar ist, drohen die Sprache des ‚Lebens in seinen natürlichen Verhältnissen' – der Alltag unserer Sprache – einerseits und andererseits ‚Poesie, Philosophie und Geschichte' – der Festtag unserer Sprache – (vgl. GS IV 29f.), mithin alle menschliche Erkenntnis, die ‚auf dem *Zusammenspiel* von Verstand und Sinnlichkeit aufbaut', unterzugehen (97f.)" (Borsche 1988: 300–301).[4]

---

[3] Zum Zusammenhang zwischen Zynismus und Massenmedien vgl. demnächst die Dissertation von V. Friedrich: „Aspekte philosophischer Anthropologie im Zeitalter der Massenmedien" (Univ. Stuttgart).
[4] Vgl. die Humboldt-Interpretation von Trabant (1986).

Der Zynismus der Massenmedien kommt in bezug auf die drei Dimensionen, Wahrheit, Macht und Begehren deutlich zum Vorschein. Um ein mögliches Mißverständnis auszuräumen, möchte ich aber betonen, daß der Zynismus der Informationsgesellschaft nicht moralisch zu verurteilen, sondern als Zynismus zu erkennen ist. Nur dann kann er, im Widerstreit mit den Technologien des Selbst, zu einer Chance für ein freies, kynisches Verhältnis werden.

Die Informationsgesellschaft stellt, *erstens*, auf zynische Weise die Frage nach der *Wahrheit*, indem sie das Wissen in Form von Nachrichten oder Sendungen auflöst, die dann ständig, im gleichgültigen additiven Stil und überall sich an einen universellen Empfänger richten. Dies ist aber eine Fiktion, denn weder sind die Empfänger universell und bloße Empfänger, die sich dann in Abhängigkeit des Senders, als eine Art Freudschen „Über-Ich", befinden würden, noch sind die Botschaften Spiegelungen, sondern Inszenierungen von Realität, welche die Wahrheitsfrage nur scheinbar, also zynisch, zu lösen vermögen (Haller 1991). Die Vorstellung, daß die Massenmedien das soziale Bindemittel wären, ist, wie Dieter Roß (1990) richtig bemerkt, ein überholter Mythos. Man kann daraus die Schlußfolgerung ziehen, daß die Massenmedien paradoxerweise zu Medien der Selbstgestaltung werden können. Die Fragen, die sich dann das Selbst angesichts des Medienzynismus stellt oder stellen kann, sind: Bin ich der Adressat der Sendung? Aber, wer bin ich? Was für Lebensgeschichten werden mir da erzählt? Gehen Sie mich persönlich an? Wie ist die Beziehung meines Lebens zum Leben der anderen? Wer sind die anderen? usw. Solche Fragen gehören zu den Technologien des Selbst, sind kynische und asketische, also immer wieder neu zu übende Fragen, welche der chaotischen Vielfalt der Sendungen Widerstand leisten. Sie sind perspektivische Fragen, die aus der Sorge um sich entspringen und die Gestaltung des Selbst zum Zweck haben. Die Frage nach der Wahrheit stellt sich genau bei diesem Widerstand und im Widerstreit zum dialektischen Schein der Informationsgesellschaft aus der kritischen, wertenden Perspektive des Selbst.

Zweitens stellt die Informationsgesellschaft die *Machtfrage* als eine zynische Frage. Denn solange die Sendungen nicht von der politischen Macht zensiert werden, löst sich der hierarchische Logos in der Vielfalt der Kanäle auf und wird plural. Wenn alles gleichgültig wird, steht die politische Macht in Konkurrenz zu anderen. Sie hat ihre Aura verloren und kann sie nur medial, in der Pluralität mit anderen Mächten, wiedergewinnen. Dann bleibt aber die Frage nach der Macht aus der Perspektive des einzelnen, der die Faktizität der Macht hinterfragt, offen: Wie steht es mit der Begründung der Macht? Welche Möglichkeiten habe ich, um den Logos der Macht aus meiner Perspektive zu verändern? Wer hat die Macht über wen? Was kann ich davon wissen? Dem medialen Zynismus der politischen Macht wird vom Lebensentwurf her Widerstand geleistet. Somit öffnet sich eine Möglichkeit für die formale staatliche Macht *poli-ethisch* anstatt bloß *politisch* zu werden.

Schließlich und *drittens* stellt die Informationsgesellschaft die Frage nach dem Begehren ebenfalls auf zynische Weise. Denn die Informationsgesellschaft ist, wie schon angedeutet, zugleich eine auf *entertainment* und Profit gerichtete Gesellschaft. Alles wird zum Spaß. Der mediale Spaß kennt keine Grenzen. Die Informationstechnologien sind dann Technologien des Begehrens, die, sofern ihnen von der Perspektive der Lebenskunst Widerstand geleistet wird, die Fragen des Begehrens des einzelnen offenlassen: Ist es mein Begehren? Was begehrt der andere? Wie steht es mit der tatsächlichen Erfüllung dessen, was der andere begehrt? usw. Solche hypothetisch-asketischen Fragen treten dann anstelle des kategorischen Imperativs der Informationsgesellschaft, der da lautet: *Du sollst medial genießen*.

Um die durch die Informationstechnologien geprägte Gesellschaft im Widerstreit mit den Technologien des Selbst zum Vorschein zu bringen, müssen wir den Ort der Selbstgestaltung als einen durch Möglichkeiten entgrenzten, im Gegensatz zum durch Wirkliches ausfüllbaren und stets ausgefüllten Bildschirm der Informationsgesellschaft, wahrnehmen. Mit anderen Worten, wir müssen lernen, die Informationsgesellschaft zu erörtern, ihr einen Ort innerhalb eines selbstbestimmten und offenbleibenden Lebensrahmens zu geben. Eine solche *Erörterung* kann in Erfahrungen von Einsamkeit, von echtem Dialog, von bildloser Kontemplation, von Schweigen und Nachdenken, von selbstloser Hingabe, geübt und vollzogen werden. Wenn das individuelle oder kollektive Selbst sich durch die technologische Mediatisierung bestimmen läßt, gerät es in die rastlose Kommunikation, es verliert das Maß gegenüber den es überwuchernden Informationen, anstatt Erfahrungen der Selbstgestaltung zu gewähren, werden wir medial selbstentfremdet und voneinander abgeschottet. In Wahrheit aber sind wir in unserer Existenz, in der Spanne zwischen Geburt und Tod, einem Ort ausgesetzt, den wir nicht nur mit den anderen, sondern *für sie* zu gestalten – nicht selten auch zu zerstören – vermögen. Erst aus der Perspektive der ethischen Selbstformung vermögen wir dem Zynismus der Informationsgesellschaft, der Obsession ihrer Bilder und der Hysterie ihrer Anforderungen, Widerstand zu leisten.

Eine solche *Lebenskunst* (*ars vitae*) steht vor der Aufgabe der Lebensbewältigung, das heißt vor der Aufgabe, zwischen verschiedenen Gütern zu wählen, um Mangelzustände zu überwinden. Lebenskunst bedeutet in diesem Sinne die Kunst oder die Übung der Genügsamkeit *(Askese)* zu lernen. Eine aktuelle Form dieser Lebenskunst ist, so Hans Krämer, „angesichts eines verwirrenden Überangebotes von Lebensmöglichkeiten, mit den Risiken der Zersplitterung, Oberflächlichkeit oder Übersättigung ... sinnvoll mit *Vielen und Allzuvielen* umzugehen und daran seine Selektionskraft zu bewähren" (Krämer 1988: 6). Eine so verstandene Lebenskunst läßt sich auf überindividuelle Gebilde beziehen, im Sinne einer ökologischen und friedenssichernden Überlebenskunst, die nicht primär allgemeine und zeitlose Sollenssätze avisiert, sondern den Blick für die Situation schärft, sich um das Nächstliegende kümmert und jene offene Haltung pflegt, aus der heraus eine „Empörung über das Intolerable" (Foucault) entstehen kann.

Einen möglichen praktischen Leitfaden für die Auseinandersetzung des Menschen mit seinen Götzen bietet die chinesische Parabel vom Ochsen und seinem

Hirten, die vom Chan-Meister Guo' an Shiyuan (um 1150) in einem berühmten Bildzyklus illustriert und zu einer klassischen japanischen Zen-Parabel wurde. Im Vorwort zum achten Abschnitt heißt es:

„Die vollkommene Vergessenheit von Ochs und Hirte. Alle weltlichen Begierden sind abgefallen, und zugleich hat sich auch der Sinn der Heiligkeit spurlos geleert. Verweile nicht vergnügt am Ort, in dem Buddha wohnt. Gehe rasch vorüber am Ort, in dem kein Buddha wohnt. Wenn einer an keinem von Beiden hängen bleibt, kann sein Innerstes niemals durchblickt werden, auch nicht vom Tausendäugigen. Die Heiligkeit, der Vögel Blumen weihen, ist nur eine Schande" (Ohtsu 1981: 41).[5]

Bennys Video

Benny, ein zwölfjähriger Junge, filmt im Bauernhof eines Verwandten die Tötung eines Schweines mit Hilfe einer Spezialpistole, die wie ein vier Zentimeter dickes und zwanzig Zentimeter langes Rohr aussieht. Kurz vor dem Abfeuern sieht man auf Bennys Video den Todeskampf des Tiers mit seinen Schlächtern, und man hört seine entsetzlichen Schreie. Szenenwechsel: Bennys Zimmer im Appartment seiner gutsituierten Eltern. Das Zimmer ist vollgepackt mit Elektronik. Anstelle des freien Blicks aus dem Fenster bietet ein Monitor eine Wiedergabe des Straßengeschehens. Nach dem Besuch in der Videothek trifft Benny ein junges Mädchen, das er kaum kennt, und lädt sie in sein Zimmer ein. Nach kurzer Zeit langweilt sich das Mädchen in Bennys elektronischer Wunderwelt und will gehen. Benny zeigt ihr die Pistole, die er aus dem Bauernhof entwendet hat, und fordert sie spielerisch auf abzudrücken, während er sie gegen seinen Bauch hält. Das Mädchen drückt nicht ab und wird deshalb von Benny als feige apostrophiert. Als das Spiel umgedreht wird und das Mädchen Benny ebenfalls als feige bezeichnet, drückt Benny ab. Das zu Boden gefallene Mädchen schreit vor unvorstellbaren Schmerzen. Erst als Benny mehrmals, zuletzt auf den Kopf, schießt, hören die Schreie auf. Benny versteckt die blutüberströmte Leiche.

Als die Eltern abends nach Hause kommen und in Bennys Zimmer hineinschauen, läuft auf Bennys Monitor der Videofilm über den *Unfall* ab. Die Besprechung der Lage wird vom Vater mit „klarem Denken" geführt: Er schlägt vor, die Leiche in kleine Stücke zu zerteilen, damit man sie besser herunterspülen kann. Am nächsten Tag geht Benny zum Friseur und läßt sich die Haare abrasieren. Als er zum Frühstück erscheint, bemerkt sein Vater, er hätte einen „KZ-Look". Während Mutter und Sohn Urlaub in Ägypten machen, erledigt der Vater die Beseitigung der Leiche. Schlußszene: Benny geht zur Polizei und stellt sich. Die Eltern werden verhaftet.

---

5 Vgl. auch Brinker/Kanazawa (1993: 228–230, 278–279) und Capurro (1994a).

Der Film gibt eine pointierte Darstellung der real-imaginären technischen Welt, in der wir uns alltäglich befinden, wieder.[6] Zweifellos steht die Frage nach der Ununterscheidbarkeit von Realität und Fiktion im Mittelpunkt des dramatischen Geschehens, wobei die Fiktion nicht nur die techno-imaginäre Welt betrifft, in der Benny lebt, sondern ebensosehr die von den Eltern aufrechterhaltene Fassade einer intakten Familie. Zu dieser Fassade gehört auch die konventionelle Kunst. Die Wände des Eßzimmers sind mit modernen Bildern buchstäblich tapeziert. Die scheinbar spielerische Harmlosigkeit des Techno-Imaginären führt in eine ethische Katastrophe. Wir stehen also nicht nur vor der Frage nach einer theoretischen Bestimmung des Techno-Imaginären,[7] sondern diese Frage schließt, wie im Film eindrucksvoll dargestellt wird, eine ethische Dimension ein. So gesehen, verweist die Frage nach dem Techno-Imaginären auf die Frage nach der Gestaltung menschlichen Existierens in einer von digitalen Medien mitbestimmten Welt.

Platons Höhlengleichnis (Politeia 515 a ff.) läßt sich auch als eine Grundmetapher des elektronischen Zeitalters deuten, im Sinne einer ethischen Um- und Abkehr gegenüber dem Techno-Imaginären. Die in der Höhle an Schenkeln und Hals gefesselten Menschen schauen geradeaus auf die Schatten der hinter ihren Rücken vorbeigeführten künstlichen Bildwerke. Der Weg der *paideia* ist eine dynamische Umkehrung (*periagoge*) von den schattenhaften Erscheinungen zu einem jeweils Wahreren oder Wirklicheren, von wo aus das Vorherige als schattenhaftes Abbild (*phantasmata, eidola*) erkannt wird. Platons Darstellung endet aber nicht mit dem Anblick der Sonne als Metapher des wahrhaft Seienden, sondern mit der Notwendigkeit der Rückkehr in die Höhle, also mit einer abermaligen Umwendung. Es ist die Spannung zwischen dem gewöhnlichen Leben in der Höhle der Imagination und der Möglichkeit einer Umwendung, die das menschliche Leben bestimmt.

Diese Erörterung des Imaginären als des Schattenhaften mit dem entsprechenden Bezug zu den herstellenden Künsten bleibt ausschlaggebend bis zur Neuzeit. Nietzsche bringt die neuzeitliche Umkehrung der Verhältnisse zwischen dem Realen und dem Imaginären in seiner berühmten Geschichte „Wie die ‚wahre Welt' endlich zur Fabel wurde" zum Ausdruck.[8] Ausgehend von der Verfestigung der hierarchischen Verhältnisse zwischen dem Sinnlichen und dem Übersinnlichen („Platonismus"), führt der Weg der Derealisierung des Idealen zunächst über das Christentum mit seiner Verschiebung der Erreichbarkeit der „wahren Welt" auf das Jenseits.

Im von Thomas Le Myésier († 1336) kompilierten Lehren des katalanischen Philosophen Ramon Lull (1232–1315) findet man eine Veranschaulichung der hierar-

---

6 *Benny's Video* ist ein österreichischer Film von Michael Haneke aus dem Jahre 1992. Darsteller sind Arno Frisch (Benny) sowie Angela Winkler und Ulrich Mühe (die Eltern).
7 Zum Begriff des Techno-Imaginären vgl. Rötzer (1991: 9–78).
8 Nietzsche (1976, Bd. 3: 963). Vgl. dazu Capurro (1994c).

chischen Unterordnung von Sinnlichkeit und Phantasie gegenüber dem geistigen Vermögen des Übersinnlichen (vgl. Römer/Stamm 1988). Ramon Lulls Lehre richtet sich gegen den „Turm der Unwahrheit", das heißt gegen die Ungläubigen. Aristoteles, Averroes und Lull personifizieren die drei Stufen der menschlichen Erkenntnis: Averroes, die Stufe der Sinne und der Einbildung, reitet auf dem Pferd *imaginatio,* Aristoteles, die Stufe des Verstandes, reitet auf dem Pferd *ratiocinatio* und schließlich Lull selbst, die Stufe des Glaubens, der auf dem Pferd der guten Absicht (*recta intentio*) reitet. Rechts von der Lanze des Averroes liest man die Aufschrift: Wer erkennen will, muß Erscheinungen betrachten (*intelligentem oportet phantasmata speculari*). Die Bedeutung der Einordnung von Sinnlichkeit und Phantasie unter oder zwischen dem Verstand und dem Glauben wird nicht nur dadurch unterstrichen, daß ein Kardinal im Streitwagen die Zügel der *imaginatio* hält, sondern auch dadurch, daß er Averroes in dem darunterstehenden Text in folgender Weise belehrt:

„Die Einbildungskraft überschreitet die körperliche Natur nicht. Du aber, der du deine Erkenntnis weder von den Sinneseindrücken trennen noch deine Erkenntnis intensiv ergründen willst ... Du hast die Erhabenheit des Übernatürlichen vergessen, wirst abtrünnig und sündigst, weil du zuläßt, daß der Intellekt von der Einbildungskraft übertroffen wird" (Römer/Stamm 1988: 128).

In seinem Buch *Von der natürlichen Weise des Erkennens* hebt Lull zwar die Nähe der *imaginatio* zum Intellekt hervor, da sie mit Hilfe des Intellekts etwas vorzustellen vermag, was sinnlich nicht vorfindbar ist – zum Beispiel eine Chimäre oder ein goldener Berg –, dazu aber stets der Abbilder der sinnlichen Wahrnehmung bedarf. Geistige Objekte – zum Beispiel die Seele, einen Engel oder Gott – kann der Intellekt mit Hilfe eines auf die Wahrnehmung bezogenen Vermögens nicht erreichen.[9]

In Nietzsches Geschichte des Platonismus wird die noch im deutschen Idealismus verschleierte „wahre Welt" durch die positivistische Bejahung des Sinnlichen umgedreht, ohne daß aber durch diese Umdrehung das hierarchische Schema selbst abgeschafft wird. Mit anderen Worten, der Positivismus hält, für Niezsche, so wie der idealistische Platonismus, an der Herrschaft einer Perspektive fest. Nietzsches letzte Stufe seiner „Herausdrehung aus dem Platonismus" (Heidegger) bedeutet die Infragestellung dieses Festmachens, wobei problematisch bleibt, inwieweit die „ewige Wiederkehr" selbst einen erneuten metaphysischen Grund darstellt.[10]

Kehren wir zu Bennys Video zurück. Benny lebt in der technischen Phantasie der Video-Welt, die er nicht nur anhand von fertigen Produkten anschaut und manipu-

---

9 Vgl. Flasch (1982, Bd. 2: 377–378). Um die Ewigkeit der Welt gegenüber den Einwänden des Al-Gazali zu behaupten, hielt Averroes an der Andersartigkeit himmlischer Körper fest, die so in der sichtbaren Welt Garant für eine bleibende Rationalität und Weltordnung sind (vgl. Flasch 1987: 111).
10 Zu Heidegger und Nietzsche vgl. Capurro (1994c).

liert, sondern auch selbst herstellt, ja er nimmt buchstäblich die Welt, den Straßenblick aus dem Fenster nur am Monitor wahr. Die so technisch wahrgenommene Welt ist der schwächere Abglanz des Techno-Imaginären, so wie für den Platonismus die sinnlich wahrgenommene Welt den Schatten des Übersinnlichen darstellte. In einem radikaleren Sinne kann man aber auch sagen, daß für Benny die sinnlich wahrnehmbare Welt das Material ist, woraus durch den technischen Vorgang die Realität hergestellt wird. Der ontologische Status dieses imaginären Techno-Realen ist der einer imaginären Wirklichkeit oder einer virtuellen Realität. Dieses Oxymoron bringt die eigentümliche Verschmelzung zwischen dem Imaginären und dem Fiktionalen zur Sprache. Die technische Fiktion ist das Wahre.

Die an Gianbattista Vico erinnernde Identifikation des Wahren mit dem Fiktionalen[11] gewinnt jetzt eine neue Dimension, indem die technisch operierende *Analysis* genau jene ungeheure Menge von Figuren hervorzubringen vermag und synthetisch zusammenfügt, die Vico auf die Seite der Geometrie stellte (vgl. Vico 1947). Die technische Phantasie ist ein Vorgang, wodurch nicht nur die Vorstellungen der Dinge, sondern die Dinge selbst als technische Vorstellungen konstruiert werden, und zwar aufgrund ihrer analytischen Auflösung im digitalen Code. Für Vico erkennt der Mensch die Dinge, indem er ihre Vorstellungen generiert, in Analogie zu Gott, der mit seinem Intellekt die Dinge selbst produziert. Die Phantasie besteht in der Fähigkeit, Elemente der Vorstellungen der sinnlich wahrgenommenen Dinge, sofern wir sie im Gedächtnis aufbewahren, miteinander zu verknüpfen. Deshalb sind für die Griechen die Musen die Töchter der Erinnerung. Der Mensch ist ein göttlicher *Konstrukteur des Künstlichen* so wie Gott Konstrukteur des Natürlichen ist.[12]

Genau die Unterscheidung zwischen der Hervorbringung des Mechanischen und der Schaffung der Bilder in der Phantasie kommt sozusagen zu einer Verschmelzung im Bereich des Techno-Imaginären, denn die technischen Bilder sind die Sachen selbst. Die aktualisierten Bilder sind das reale Denotat des technisch Virtuellen. Ihr Status ist der der virtuellen Realität, von der aus nicht nur die Realität des natürlich Imaginierten und des künstlich Produzierten, sondern auch die Realität des natürlich von Gott Produzierten einen abgeleiteten Rang erhalten, ja sie sind letztlich im Techno-Imaginären virtuell aufgehoben. Die virtuelle Realität, in der Benny lebt, nimmt ihren Ausgang in ihrer Digitalisierbarkeit und Manipulierbarkeit und kehrt auf sie zurück. Sie ist, indem sie virtuell ist. Diese Virtualität impliziert nicht nur ein Verschwinden des Repräsentierten als des Eigenständigen, sondern auch eine ständige Aktualisierbarkeit des Fiktiven. Die Welt ist ein Techno-Traum, in der die Zeit in einer virtuellen Gegenwart zum Stillstand gekommen ist.

---

11 Vgl. Vico (1971: 74 ff.).
12 G. Vico (1971: 117) dazu: „ut Deus sit naturae artifex, homo artificiorum Deus." Vgl. Vicos Definition von Einbildungskraft: „Phantasia certissima facultas est, quia dum ea utimur rerum imagines fingimus" („Die Einbildungskraft ist ein sehr sicheres Vermögen, da wir, in dem wir davon Gebrauch machen, die Vorstellungen der Dinge schaffen", Übers. v. Verf.; Vico 1971: 113).

Gewesen-sein und Zukünftig-sein implodieren in der Beliebigkeit des herstellbaren Jetzt.

Im Falle von Bennys Traumwelt wird aber der Techno-Traum zum Alptraum. Damit enthüllt sich eine andere Dimension in Bennys Leben, die existentielle. Die Videoaufzeichnung des mörderischen Spiels hat dann für Benny nicht mehr einen nur techno-imaginären Charakter, sondern verweist auf eine jenseits des virtuellen Jetzt stattgefundene Handlung, die er nicht mit der Kamera, sondern mit der Pistole vollzogen hat. Die technisch implodierte Zeit explodiert buchstäblich in Bennys Existenz, deren Faktizität nur scheinbar in die technische Virtualität transformiert und durch sie hergestellt wird. Bennys Rückkehr in seine Video-Höhle ist durch die Spannung zwischen existentieller Faktizität und technischer Virtualität gekennzeichnet. Seine Versuche, sie zu beseitigen, schlagen fehl. Es sind paradoxerweise die Eltern, die den Einbruch des Existentiellen wiederum durch eine imaginäre Fassade verdecken wollen. Dieser Einbruch des Existentiellen in die Abgeschlossenheit des Techno-Imaginären führt schließlich zu Bennys Geständnis der Differenz zwischen existentieller Faktizität und technischer Virtualität.

Die Konstruktion der virtuellen Realität ist nicht nur ein techno-ästhetischer Vorgang zur Herstellung und Manipulation von bestimmten Produkten, sondern sie ist primär eine bestimmte Weise der Gestaltung unseres „In-der-Welt-seins". Die Verabsolutierung des Techno-Imaginären gibt vor, sich in einem Spiel zu befinden, in dem es nicht zugleich um den Spieler selbst geht. Was in Bennys Videowelt einbricht, ist die Faktizität des Existierens gegenüber dem höhlenartigen selbstreferentiellen Verschluß in der techno-imaginären Bilderwelt.

Sollen die Informationstechnologien in einem offenen existentiellen Zusammenhang eingebettet und von diesem gestaltet werden, müssen sie im Widerstreit mit jenen Technologien, mit denen wir uns selbst gestalten, gesehen werden. Die geistigen und leiblichen Zeichen, wodurch wir unsere Existenz zum Ausdruck bringen, sind „Gesten" (Foucault).[13] Diese sind sowohl Akte individueller Existenz als auch Formen, wodurch sich eine Gesellschaft oder eine ganze Epoche auszeichnet. Durch eine Kultur der Geste kann ein Individuum stillschweigend kollektive Machtverhältnisse umkehren, indem es die herrschenden Haltungen und Verhaltensformen zu eigenen Gesten umformt und so seiner Existenz einen Stil verleiht. Die Informationstechnologien sind Ausdrucksformen sozialer Machtverhältnisse und stehen somit in Widerstreit zu einer existentiellen Kultur der Geste, wodurch sie in Berührung mit der Offenheit menschlichen Existierens kommen.

Vilém Flusser (1993a: 193–198) faßt solche Tätigkeiten wie Schreiben, Sprechen, Machen, Lieben, Zerstören, Malen, Fotografieren, Filmen, Maskenwenden, Pflanzen, Rasieren, Musikhören, Pfeifenrauchen, Telefonieren, Video und Suchen als Gesten auf. Gesten drücken Stimmungen aus. Durch Gesten manifestieren wir unterschiedliche Weisen unseres „In-der-Welt-seins". Wenn das Video, wie Flusser es

---
13 Zum Folgenden vgl. Schmid (1991: 331–337).

deutet, eine solche Geste ist, wodurch wir auf Geschichte einwirken können, indem wir unterschiedliche Ereignisse nicht nur besingen, sondern auch komponieren, dann ist gerade die Eigenart dieser Geste, daß wir geschichtliche Faktizität als Feld möglicher Transformationen betrachten und somit in Virtualität umwandeln. Der Videonutzer kann aber, so Flusser, in die Macht des Videofilmers geraten, wenn er sich die dialogische Struktur dieser Technik nicht aneignet, sondern sich einem Programm unterwirft (Flusser 1993a: 198).

Diese Aneignung ist aber, wie am Beispiel von Benny ersichtlich, nicht genug, sondern es müßte dabei zu einer Kultur der Geste in der Weise kommen, daß die Differenz zwischen Faktizität und Virtualität nicht aufgehoben wird. Eine solche Differenz kann wiederum in einer video-künstlerischen Form ausgedrückt werden. Das zeigen die Video-Installationen des amerikanischen Künstlers Bill Viola.[14] Eine entscheidende Vorbereitung für einen existentiell gelingenden Umgang mit unserer von technischen Bildern überfluteten Gesellschaft sieht Viola in der Kunst, wobei er als „das Wesentliche der künstlerischen Vision die Verbindung zu den tieferen Schichten des menschlichen Lebens" bezeichnet. Zu diesen tieferen Schichten gehören Geburt und Tod, die Naturgewalten und die dunkle Nacht der Seele (*noche oscura,* Johannes von Kreuz).[15]

---

14 Zum Beispiel „Room for St. John of the Cross", 1983, Video-Ton-Installation (The Museum of Contemporary Art, Los Angeles; The El Paso Natural Gas Company Fund for California Art), gezeigt im Martin-Gropius-Bau, 8. Mai–25. Juli 1993 in Berlin. Vgl. Joachimides/Rosenthal (1993: Bild 241).
15 Vgl. J. Zutter im Gespräch mit Bill Viola in Syring (1992: 93–99).

Viertes Kapitel

Homo Informaticus

Das Paradigma der klassischen Informatik

Wissenschaften lassen sich nicht ein für allemal bezüglich ihrer Gegenstände und ihrer Methoden bestimmen, sondern sie sind einem Prozeß unterworfen, der nach Thomas Kuhn (1976) als eine Struktur von normalen und revolutionären Perioden aufgefaßt werden kann. Dieses Modell stellt, wie Vattimo (1990) gezeigt hat, die herkömmliche Unterscheidung zwischen Wissenschaft und Technik auf der einen und Kunst auf der anderen Seite in Frage. Denn das bisherige Unterscheidungskriterium, nämlich die Annahme eines linearen Erkenntnisfortschrittes auf der Basis von letztbegründeter Verifizierbarkeit, kann bestenfalls als ein idealisierter Fall von Geschichtlichkeit verstanden werden. Kuhns Modell entstammt, so Vattimo, der Sphäre des Ästhetischen, in der das Sichdurchsetzen neuer Paradigmen nicht kumulativ durch Beweise, sondern wahlweise durch Überredungen, durch eine aktive Teilnahme, durch Interpretationen und Antworten, stattfindet. Damit kulminiert ein Prozeß der Aufwertung des Ästhetischen, der zunächst bis in die Renaissance verfolgt werden kann, aber seine entscheidende Ausprägung und seine philosophiegeschichtliche Antizipation in der im griechischen Sinne technischen Auffassung des Wissens hat.

Ich meine, daß die zur Zeit geführte Diskussion um eine grundlegende Neubestimmung der Informatik nicht als ein mehr oder weniger beliebiges Beispiel für die Richtigkeit der Kuhnschen Auffassung trivialisiert werden darf. Denn die Bedeutung der Informatik als einer Grundlagendisziplin besteht einerseits in ihrer theoretischen Tragweite, im Sinne einer Wissenschaft, die den eigentlichen technischen Charakter aller anderen Fächer zum Vorschein kommen läßt. Walther Zimmerli (1989: 22–24) spricht deshalb mit Recht von einer fortschreitenden Hybridisierung von Wissenschaft und Technik: „Logik ist technisch, Technik logisch." Das bedeutet, daß die Grenzen der Verantwortung zwischen den verschiedenen Akteuren – Industrie, Wirtschaft, Hochschule und Politik – sich verwischen und daß alle sich über die Folgen ihres techno-logischen Tuns bewußt werden müssen.

Zugleich und als Konsequenz dieser Hybridisierung ist es andererseits unbestreitbar, daß die Informatik sich nicht lediglich als eine Grundlagendisziplin im klassischen Sinne, wie Mathematik oder Logik, bestimmen läßt, die sich bloß im Reich der Abstraktionen und Strukturen bewegt und ihre Grenzen dort findet, wo sie angewandt wird. Mit anderen Worten, es scheint gerade so, als ob diese Anwendungen, deren Reichweite nicht eingeschränkt werden kann, ebenfalls zum Kern ihres Selbstverständnisses gehörten. Die Informatik wäre somit die technologische Disziplin *par excellence.*

Wenn dem so ist, dann ist die Frage nach einer paradigmatischen Neubestimmung der Informatik nicht nur von wissenschaftstheoretischer und gesellschaftlicher, sondern auch von philosophischer Bedeutung. Es stellt sich die Frage, inwiefern dieser zumindest scheinbar universalistische, theoretische und praktische Anspruch der Informatik gerechtfertigt ist. Diese Frage ist, wie mir scheint, eine der entscheidenden Herausforderungen, der die Philosophie in unserer Zeit, außer der noch bestehenden Herausforderung durch die moderne Physik, sich gegenübergestellt sieht. Diese Gegenüberstellung oder, um an Kant zu erinnern, dieser *Streit der Fakultäten,* der „kein Krieg", sondern ein „Antagonism" „zweier miteinander zu einem gemeinschaftlichen Endzweck vereinigter Parteien (*concordia discors, discordia concors*)" ist, gehört zum Wesen der Philosophie und der Wissenschaften, sofern es ihnen auf Wahrheit ankommt, während die Nützlichkeit „nur ein Moment vom zweiten Range ist".[1] Im Gegensatz zu einem logischen Widerspruch geht es bei einem Widerstreit im kantischen Sinne um die Frage, ob zwei scheinbar sich widersprechende Sätze – in unserem Fall, ob menschliches Handeln bloß technisch bestimmt werden kann oder nicht – auf verschiedenen Diskursebenen anzusiedeln sind.

Meine These ist, daß, so wie im Falle des Streits zwischen der Informationsgesellschaft und den „Technologien des Selbst", der Streit zwischen Ethik und Informatik ein Streit ist, der nur dann geschlichtet werden kann, wenn zwischen technischem und ethischem Handeln im Sinne eines Widerstreits unterschieden wird. Der Streit um die Bestimmung der Informatik kann als ein ursprünglich philosophischer Streit aufgefaßt werden, sofern es dabei um das Verhältnis von Ethik und Informatik geht. So möchte ich den Streit um die paradigmatische Neubestimmung der Informatik zum Anlaß nehmen, um die der Philosophie hieraus erwachsende Herausforderung einer Wahrheitsprüfung in bezug auf die Materie des Streites, die nicht mehr und nicht weniger als der Mensch selbst ist, in einigen Kernpunkten herauszuarbeiten. Die These, daß der Mensch nicht nur Gegenstand der Philosophie, sondern auch der Informatik ist, wird vielleicht auf Widerspruch stoßen, und es gilt deshalb, sie in ihrem Sinn und Gehalt zu prüfen. Sollte sie standhalten und in ihrem spezifischen Sinn geklärt sein, dann stellt sich in einem zweiten Schritt die Frage,

---

1   Kant (1917, AA VII, Der Streit der Fakultäten: 35, 28). Horaz' Oxymoron über die zwieträchtige Eintracht der Stoffe (*rerum concordia discors*, Horaz 1979, Epist. I, 12, 19) nimmt Bezug auf die Lehre des Empedokles über das Entstehen und Vergehen der Dinge aus der Einwirkung von Haß und Liebe auf die vier Elemente.

inwiefern der Gesichtspunkt, unter dem die Informatik den Menschen betrachtet, der Sache selbst voll Rechnung trägt.

Der Mensch ist für die Philosophie keine Nebensache, vielmehr ist Philosophie „nicht etwa eine Wissenschaft der Vorstellungen, Begriffe und Ideen, oder eine Wissenschaft aller Wissenschaften, oder sonst etwas Ähnliches ...; sondern eine Wissenschaft des Menschen, seines Vorstellens, Denkens und Handelns" (Kant 1917, AA VII: 69–70). Dieser Text stellt den Beginn eines langen Zitates dar, das Kant einem begleitenden Brief zu einer Dissertation von C. A. Wilmans (Halle 1797)[2] entnimmt mit dem Hinweis, daß dieser der „Arzneiwissenschaft" sich widmende junge Mann etwas darstellt, „von dem sich auch in anderen Fächern der Wissenschaft viel erwarten läßt". Die „alte Philosophie", so das weitere Zitat, wies dem Menschen einen „ganz unrichtigen Standpunkt" in der Welt an, indem sie ihn „zu einer Maschine machte, die als solche, gänzlich von der Welt oder von den Außendingen und Umständen abhängig sein mußte; sie machte also den Menschen zu einem beinahe bloß passiven Theile der Welt". Demgegenüber bestimmte die Kritik der reinen Vernunft, daß der Mensch „ursprünglich Schöpfer aller seiner Vorstellungen und Begriffe" und „einziger Urheber aller seiner Handlungen" ist (Kant 1917, AA VII: 69–70).

Mit anderen Worten, Kant zeigte, daß der Mensch zunächst durch Sinnlichkeit und Verstand gekennzeichnet ist. Der Verstand ist ein aktives Vermögen. Mit Hilfe der Vorstellungen und Begriffe schafft sich der Mensch seine Welt. Ganz im Sinne des modernen Konstruktivismus schreibt Wilmans den Verstand auch den Tieren zu, sofern es sich dabei ebenfalls um ein aktives Verhältnis zu den Wirkungen der Außenwelt handelt. Kant selbst schließt allerdings „*nach der Analogie*", daß Tiere „nach *Vorstellungen* handeln". Er faßt ihre „Kunsthandlungen" als „Analogon der Vernunft" auf.[3]

Ferner betont Wilmans, daß der Verstand „etwas vom Körper Abhängiges", „ein Produkt der Gehirnwirkung" ist (Kant 1917, AA VI: 69–70). Gerade das Beispiel der Wahnsinnigen zeigt, wie „mit einem anderen Verstande auch eine andere Welt da sein würde" (S. 71), während aber in Wahrheit der schöpferische Verstand auf die sinnlichen Dinge bezogen bleibt und seine Kategorien auch dort ihre Grenze finden. Der Mensch ist aber nicht bloß als Verstandeswesen ein Handelnder, sondern, und das unterscheidet ihn gänzlich von den Tieren, wesentlich durch seine

---

2 Kant nimmt Abstand in bezug auf die Hauptthese der Wilmansschen Dissertation, nämlich die Ähnlichkeit zwischen dem „reinen Mystizismus" und der „Kantischen Religionsdoktrin".
3 Kant (1913, AA V: § 90, 448 Anm.). Der Analogieschluß ist zulässig, da Menschen und Tiere „der Gattung nach (als lebende Wesen)" „einerlei" sind. Das Handeln nach Vorstellungen unterscheidet die Tiere von den Maschinen, so Kant gegen Descartes (Kant 1913, AA V: § 90, 448 Anm.). Der Mensch hat vor den Tieren zwar „den Verstand voraus", aber „das gibt ihm doch nur einen *äußeren* Werth seiner Brauchbarkeit (*pretium usus*) ... Allein der Mensch, als *Person* betrachtet, d. i. als Subjekt einer moralisch-praktischen Vernunft, ist über allen Preis erhaben" (Kant 1914, AA VI: § 11, 434).

Vernunft, wobei dann die Gelegenheitsursachen seiner Aktion nicht Gegenstände sind, sondern „Ideen", genauer „das moralische Gesetz". Sowohl als Verstandesals auch als Vernunftwesen ist der Mensch ursprünglich ein Handelnder. Handeln – das heißt auf griechisch *praxis*. So ist also Philosophie als Wissenschaft des vom Handeln her aufgefaßten Menschen ursprünglich praktische Philosophie.

Dieser Ausdruck ist, zumindest für Nicht-Philosophen, heute ungewöhnlich. Dagegen glaubt jeder zu verstehen, was damit gemeint ist, wenn von Ethik die Rede ist. Ethik gehört zweifellos zu den Modewörtern der letzten Jahre. Es gibt zum Beispiel eine Bioethik und eine Wirtschaftsethik, eine Ethik der Wissenschaften und eine Computerethik. Es gibt Ethik-Kommissionen und -Ausschüsse auf nationaler und internationaler Ebene für die unterschiedlichsten Fragen, und es ist *chic*, daß das höhere Management sich in Sachen Ethik bei Wochenendseminaren schulen läßt.

Genaugenommen stellt aber die Ethik bis hin zur Aufklärung lediglich einen Teil der praktischen Philosophie dar. Diese Tradition, die auf Aristoteles als ihren Begründer zurückblickt, umfaßt alle Bereiche menschlicher Praxis, also Ökonomie, Sozial-, Rechts- und Staatsphilosophie, Anthropologie, Religions-, Geschichts- und Kulturphilosophie. Praktische Philosophie ist jener Bereich der philosophischen Reflexion, in dem es um die sittliche Verbesserung des Handelnden geht, wenngleich eine solche Reflexion nicht mit dem tatsächlichen guten Handeln selbst verwechselt werden darf. Aufgabe der praktischen Philosophie ist eine Ausarbeitung der ethischen Dimensionen in den verschiedenen Bereichen menschlicher Praxis. Wenn sie das tut, entfacht sie jenen Widerstreit im kantischen Sinne mit den einzelnen Disziplinen, die diese Bereiche ebenfalls zum Gegenstand haben, erst aber in der philosophischen Auseinandersetzung zu einer paradigmatischen Bestimmung ihrer Möglichkeiten kommen können.

Zur Ethik im engeren Sinne gehört die Erörterung all jener Dimensionen, die dem Menschen als ein handelndes Wesen eigen sind, nämlich die Vorzüge des Verstandes, die *dianoetischen* Tugenden, und die des Charakters, die *ethischen* Tugenden, deren Name, so Aristoteles, sich aus dem Begriff Gewöhnung (*ethos* mit Epsilon geschrieben) im Unterschied zu ‚Charakter' (*ethos* mit Eta) herleitet (Nik. Ethik 1103 a 14–19). In einem weiteren Sinne umfaßt aber die Ethik die Frage nach dem guten Handeln nicht nur im individuellen, sondern auch in allen sozial-politischen Bereichen. Man kann im Anschluß an Aristoteles sagen, daß Ethik im engeren Sinne und praktische Philosophie oder Ethik im weiteren Sinne zwar nicht identisch, aber untrennbar sind.

In diesem Zusammenhang ist schließlich darauf hinzuweisen, daß für die Gründung der praktischen Philosophie durch Aristoteles die Trennung von der theoretischen Philosophie von entscheidender Bedeutung ist. Denn dadurch emanzipiert sich gewissermaßen Wissen und Gegenstand der ethischen Reflexion von der theoretischen Allmacht der Platonischen Dialektik, sie wird lebensnah und gegenüber dem Diktat absoluter Maßstäbe autonom, ohne daß aber zugleich die ethische Dimension des kontemplativen Lebens (*bios theoretikos*) geschmälert wird (vgl. Bien 1983).

Man könnte aus dem Gesagten schließen, daß sowohl Kant als auch Aristoteles, indem sie die menschliche Autonomie betonen, Paradebeispiele des Anthropozentrismus sind. Dazu ist zu sagen, daß mit Anthropozentrismus eine Absolutsetzung des Menschen gemeint ist, die durch Verabsolutierung seines Handelns oder seines Erkennens ausgezeichnet ist, so daß, durch welche Gegenstände auch immer, die abgründige Mitte menschlichen Seins verschleiert oder maskiert wird. Kants kopernikanische Wende dezentriert aber den Menschen gegenüber metaphysischen Versicherungen und schränkt so seine Erkenntnis- und Handelnsperspektive ein. Der Mensch ist dem kategorischen Imperativ unterworfen, ohne daß dieser ihm inhaltliche Ziele vorschreibt. In diesem Sinne bindet auch Aristoteles die Perspektive menschlichen Handelns von absoluten Maßstäben los und sucht durch die Praktiken der Lebenskunst das Menschenmögliche. Es ist die Frage, inwiefern die auf unterschiedliche Weise philosophisch herausgearbeitete abgründige Sicht des Menschen durch eine technische Maskierung unkenntlich gemacht und in ihr Gegenteil verkehrt wird. Was auf den ersten Blick wie philosophischer Anthropozentrismus und technische Dezentrierung erscheint, verhält sich in Wahrheit umgekehrt. Es gilt, diese Umkehrung der Sicht am Beispiel der Informatik aufzuzeigen.

Sofern die Informatik in alle Bereichen menschlicher Praxis eingreift, stellt sie eine Herausforderung für die praktische Philosophie dar. Der Streit, der zur Zeit in der Informatik herrscht, kann als ein ursprünglich philosophischer Widerstreit aufgefaßt werden, wobei es im Kern um das Verhältnis von Ethik und Informatik bei der Bestimmung menschlichen Handelns geht. Da es sich dabei um ein weites Feld handelt, ist es das Ziel der folgenden Erörterungen, lediglich einige Wegweiser aufzustellen. Wir wollen mit der Frage nach dem angedeuteten Paradigmenwechsel in der Informatik anfangen und uns dann anschließend auf einige Kernpunkte des Streites einlassen.

Was ist Informatik? Wir gehen dieser Frage zunächst lexikalisch nach. Das Wort wurde für Erzeugnisse der Firma Standard Elektrik Lorenz (SEL) Ende der 50er Jahre urheberrechtlich geschützt.[4] Nachdem das Französische *informatique* durch die Académie Française angenommen wurde, verbreitete sich die Bezeichnung – gegenüber dem schwerfälligen Wort Informationsverarbeitung oder *traitement de l'information* – in der Bundesrepublik, bis sie Ende der 60er Jahre allgemeingebräuchlich wurde. Lediglich in den USA setzte sich eine andere Bezeichnung, nämlich *computer science,* durch. Die DDR dagegen übernahm Informatik als Bezeichnung für die in den 70er Jahren entstandene Informationswissenschaft oder *information science* (vgl. Capurro 1978).

---

4 Bauer (1988: 231–232). Der Verfasser weist auf eine frühe Verwendung des Wortes Informatik (1957) durch Karl Steinbuch hin.

Schlägt man in einem Fachlexikon nach, dann findet man folgende Definition: „*Informatik* (computer science): Wissenschaft von der systematischen Verarbeitung von Informationen, besonders der automatischen Verarbeitung mit Hilfe von Digitalrechnern (Computer)" (Duden Informatik 1988). Aus dieser Definition geht hervor, daß die Informatik nicht etwa mit dem Menschen, sondern mit dem Computer zu tun hat. Außerdem besagt diese Definition, daß die Informatik sich zwar mit der systematischen Verarbeitung von Informationen beschäftigt – und in diesem Sinne ist sie eine formale Wissenschaft, etwa der Logik oder der Mathematik vergleichbar –, aber sie tut dies im Hinblick auf die Möglichkeit der Implementierung solcher Strukturen in einer digitalen Rechenanlage.

Somit gehören zum Selbstverständnis der Informatik zwei Momente: Sie ist auf der einen Seite *Strukturwissenschaft*, die sich an der Mathematik und der Logik orientiert, und sie ist zugleich *Ingenieurwissenschaft*, was sich in Bezeichnungen wie Software Engineering, Requirements Engineering, Knowledge Engineering und Systems Engineering niederschlägt.[5] Dieses Selbstverständnis der Informatik stellt sie sowohl den Naturwissenschaften, bei denen es um Erkenntnis geht, als auch den Geisteswissenschaften, bei denen es um Verstehen geht, gegenüber.

Innerhalb dieses klassischen Selbstverständnisses gibt es wiederum die Möglichkeit, Informatik von Informationstechnik zu trennen und einen Gegensatz zwischen theoretischer und praktischer Informatik auf der einen und technischer Informatik auf der anderen Seite zu bilden. Während einige die Einheit beider Momente hervorheben (Bauer 1988), gibt es Stimmen aus dem Bereich Elektrotechnik, welche in einer solchen Einheit eine Vereinnahmung sehen.[6] Trennt man beide Momente und läßt die Informatik nur als Strukturwissenschaft gelten, dann weitet sich ihr Bereich jenseits der technischen (Computer-)Systeme auf biologische und soziale Systeme aus, womit dann die Trennung zu den Natur- und Geisteswissenschaften zugleich aufgehoben wird. In diesem Sinne ist auch die Kritik von Wolfgang Hinderer (1990) an Wolfgang Coy gerechtfertigt.

Coy definiert Informatik folgendermaßen: „Aufgabe der Informatik ist die Analyse von Arbeitsprozessen und ihre konstruktive, maschinelle Unterstützung" (Coy 1989b: 257). Arbeitsprozesse sind aber nur ein möglicher Anwendungsfall einer sich universell verstehenden Informatik, die, so Hinderer (1990: 43), „unsere kulturelle Entwicklung insgesamt, einschließlich unseres Welt- und Menschenbildes" betrifft. Bei dieser Definition kommt auch besonders zum Ausdruck, wie sehr die Informatik sich bereits als eine Wissenschaft begreift, die sich auf den Menschen hin orientiert. Diese Definition zeigt an, wie Coy betont, daß ein Paradigmenwechsel im Kuhnschen Sinne stattfindet.

Die soziale Bindung der Informatik kommt ebenfalls in der von Coy zitierten Definition von Kristen Nygaard deutlich zum Ausdruck, sie ist aber bezüglich der An-

---

5 Brauer et al. (1984: 34–39, 1989: 48–56); Ganzhorn (1983: 1–6).
6 Vgl. die Stellungnahme zu Bauer von Achilles/Baier/Rupprecht (1988: 327).

wendungsfelder umfassender: „Informatics is the science that has as its domain information processes and related phenomena in artifacts, society and nature."[7] Die Wende zum Menschen hin ist bereits in Nygaards Überschrift „Program Development as a Social Activity" sowie in der Aussage: „To program is to understand!" unüberhörbar. Mit dieser Veränderung des Selbstverständnisses bezüglich der grundlegenden sozialen Dimension der praktischen Informatik hängt die Infragestellung der überkommenen klassischen Auffassung von der Maschine – sowie von der Technik überhaupt – als einem neutralen Werkzeug eng zusammen.

Diese Auffassung lieferte die Basis für eine *prima facie* (saubere Trennung) zwischen der ethik-freien Arbeit des Ingenieurs und der vom Auftraggeber oder vom praktischen Anwender zu übernehmenden Verantwortung. Diese rationalistische Trennung ist aber inzwischen untragbar geworden. Denn Maschinen sind in ihrem Entwurf und in ihrer Anwendung von ihren Auswirkungen auf den Menschen – von den Auswirkungen auf die Umwelt ganz zu schweigen – nicht abtrennbar. Wir würden uns dabei selbst um eines der wichtigsten Medien zur Selbstdeutung und Selbstgestaltung berauben (vgl. Bammé et al. 1983).

Es ist kein Zufall, wenn gerade solche Aspekte wie Informatik und Gesellschaft, Informatik und Friedenssicherung, Verantwortung der InformatikerInnen bis hin zu den Fragen der Technikfolgenabschätzung und der Informationsgesellschaft den Kernpunkt der zur Zeit geführten Diskussion um eine Neubestimmung der Informatik bilden.[8]

Auch in der in Anlehnung an Heinz Zemanek entworfenen Theorie der Informatik als Technikwissenschaft von Alfred Luft steht die paradigmatische Kehrtwende zum Menschen im Vordergrund. Denn Luft stellt die klassische Technikauffassung von innen nach außen, die Trennung also von Produktentwicklung und -nutzung, in Frage und fordert ein neues Technikverständnis von außen nach innen, vom Menschen und seinen Anforderungen ausgehend, „wenn wir die Auswirkungen der wissenschaftlich-technischen Revolutionen nicht nur als Objekte erfahren, sondern als Subjekte bewußt gestalten wollen"[9]. Das alte und das neue Technikverständnis haben etwas Gemeinsames: In beiden Fällen geht es um die Hervorbringung von Werken. Während aber die herkömmliche Technik sich auf stoffliche oder energetische Werke beschränkte, geht es bei der Informatik „um die Repräsentation von Wissen in Form von Daten und um die Reduktion geistiger Tätigkeiten auf Algorithmen und maschinell simulierbare Prozesse, d. h. um die Programmierung von Maschinen" (Luft 1988: 14).

Mit anderen Worten, das spezifisch Neue bei der Informatik ist der Entwurf von menschlichen Interaktionssystemen, wobei Luft, ähnlich wie Coy, den Bereich der Arbeit hervorhebt. Es ist kein Wunder, wenn ein auf einem solchen Technikbegriff

---

7   Coy (1989b: 259); vgl. Nygaard (1986).
8   Coy et al. (1992), Schefe/Hastedt/Dittrich/Keil (1993).
9   Luft (1988: 10), vgl. auch Zemanek (1986: 99–125).

fundiertes Selbstverständnis der Informatik gerade der Anthropologie und Ethik eine fundamentale Bedeutung beimißt. Dieser Zusammenhang wird um so entscheidender, wenn man bedenkt, daß Aristoteles gerade in der Unterscheidung zwischen *poiesis, techne* und *praxis* die Basis für unsere heutige Reflexion über die Zusammenhänge von „praktischer Philosophie" und Technik legte. Denn *poiesis* und *techne* meinen jeweils das Gestalten von stofflichen Werken und das Wissen um das Hervorbringen eines Endzieles, das außerhalb des Handelnden bleibt. *Praxis* aber meint jenen Bereich sittlicher Handlungen, der selbstzweckhaft ist und der die allgemeine Norm – das Gute für den Menschen insgesamt – erst in der einsichtigen Beratung in bezug auf den Einzelfall abzuwägen und zu verwirklichen weiß.

Erst auf der Basis einer so verstandenen sittlichen Praxis, können *poiesis* und *techne* einen menschlichen oder humanitären – und nicht anthropozentrischen oder humanistischen – Charakter gewinnen, indem sie vor einen über die notwendige Partialität ihrer Zwecke hinausführenden Horizont gestellt werden. Dieser Horizont ist nichts anderes als die Möglichkeit der gemeinsamen Suche des nicht aufeinander reduzierbaren, aber immer miteinander verflochtenen individuellen, politischen und allgemeinmenschlichen Glücks (vgl. Bien 1978).

Die Informatik als hermeneutische Disziplin

Die Wende der Informatik zum Menschen hin vollzieht sich weniger anspruchsvoll, aber deshalb nicht weniger radikal im hermeneutischen Ansatz von Winograd und Flores (1989). Denn gerade das, was im klassischen Selbstverständnis der Informatik ausgeschlossen werden sollte, nämlich der Vorgang der Interpretation als Unterscheidungskriterium zwischen Struktur- und Ingenieurwissenschaften auf der einen und Geisteswissenschaften auf der anderen Seite, wird jetzt der theoretischen, praktischen, technischen und angewandten Informatik zugrunde gelegt.

Was die Autoren in Frage stellen, ist genau jene rationalistische Tradition, die den Kern der klassischen Auffassung der Informatik und der von ihr noch teilweise abhängigen Künstlichen-Intelligenz-Forschung bildet, deren theoretische Bestandteile vor allem in der Trennung zwischen einer Außen- und einer Innenwelt ihre Grundlage fanden. Denn erst die Vorstellung einer objektiven Welt, die durch mentale Repräsentationen abbildbar wäre, gibt die Garantie für eine auf der Basis der symbolischen Formalisierung wiederholbare Implementierung von gewissen Gehirnfunktionen, deren Ergebnis dann Wissen genannt werden kann. Das so Konzipierte kann gespeichert und bei der Lösung von Problemen eingesetzt werden. Wenn dies mit Hilfe des Computers geschieht, dann können wir auch sagen, daß Computer in gewisser Weise intelligent sind, daß sie denken, Experten ersetzen, Wissen speichern usw.

Winograd und Flores zeigen aber, daß diese Auffassung des Menschen auf einer verzerrten Idealisierung der tatsächlichen Bedingungen des „In-der-Welt-seins" beruht. Denn wir befinden uns ursprünglich – bevor eine abstrakte Trennung zwischen einer objektiven Außenwelt und einer in sich eingekapselten Subjektivität durchgeführt werden kann – in einem unmittelbaren praktischen Umgang mit den Dingen in einer gemeinsam mit-geteilten Welt.

Bereits bei dieser phänomenologischen Bestandsaufnahme wird deutlich, welchen Stellenwert dem Menschen als einem Handelnden, dem Praxis-Bezug, beigemessen wird, ohne dabei in eine pragmatistische oder gar irrationalistische Auffassung menschlichen „In-der-Welt-seins" zu geraten. Die sich auf Heidegger und Gadamer berufende Einsicht in die hermeneutische Natur des Umgangs mit Werkzeugen wird von Winograd und Flores auf den Umgang mit dem Computer appliziert. Dabei betonen sie, um dem Mißverständnis des Anthropozentrismus vorzubeugen, daß die Welterschließung ein unabschließbarer Prozeß ist, in dem der Mensch die Welt im Sinne eines nichteinholbaren Horizontes entdeckt und aufgrund dieser Transzendenzerfahrung erst die Möglichkeit zu einer Vielfalt theoretischer und praktischer Sinnentwürfe gewinnt. Diese Sinnentwürfe sind in der Sprache eingebettet, die als offenes ethisches Medium sozialer Verpflichtungen *(commitments)* aufgefaßt wird.

Die Konsequenzen dieses hermeneutischen Ansatzes für die Grundlegung der Informatik sind bedeutsam, denn jetzt stehen der Aufbau des Computers und seine Programmierung in einem unlösbaren Zusammenhang mit dem Medium, in dem sie existieren, mit der Sprache. Computer sind Dialogwerkzeuge *(tools for conversation)*, womit zwischenmenschliche Interaktionen *technisch* unterstützt werden können. Das heißt aber, daß die *ethischen* Fragen, die eine so vom Menschen her und auf den Menschen hin hermeneutisch fundierte Informatik aufwirft, eben von dieser Wissenschaft nicht behandelt werden können, sondern stets vorverstanden bleiben. Und gemeint ist stets der Mensch-in-der-Welt und nicht der anthropozentrische Wahn einer weltlosen und monologischen Subjektivität, die alles auf sich bezieht, um in der psychischen Repräsentation alles in sich wiederzufinden.

Mit anderen Worten, da sich die Informatik gerade in einer paradigmatischen Wende befindet, werden die ethischen Dimensionen in der ganzen möglichen Konkretheit der Informatik-Anwendungen in allen Bereichen menschlichen Handelns offensichtlich. Der Anwendungsbegriff führt hier aber vermutlich in die Irre, denn er könnte im Sinne der klassischen Auffassung mißdeutet werden. Es ist jetzt aber nicht so, daß zu Beginn die Entwicklung eines abstrakten Programms steht, das danach angewandt wird, sondern der hermeneutische Ruf Nygaards: „To program is to understand!" bedeutet, daß das Verstehen die Grundlage für die Programmierung bildet. Die rationalistische Umkehrung des Satzes, nämlich *to understand is to program*, würde bedeuten, daß die Faktizität und die Situationshaftigkeit unseres Existierens letztlich einholbar wäre, was aber eine unter Umständen gefährliche Illusion ist.

Auch der Begriff des Werkzeugs könnte, wie schon angedeutet, in scheinbarer ethischer Neutralität als Maschine mißverstanden werden. Ich meine aber darüber hinaus, daß die Informatik gerade aufgrund ihrer praktisch-ethischen Universalität nicht als Werkzeugwissenschaft trivialisiert werden darf und daß die Ausmaße ihrer Erzeugnisse – man denke an die sozialen Risiken umfassender Computernetze – nicht verniedlicht werden dürfen (Ganzhorn 1983).

Denn Software-Werkzeuge sind, wie Reinhard Budde und Heinz Züllighoven (1990) richtig ausführen, nicht kontext- oder wertneutral, sondern sie stellen – so die Autoren in Anschluß an Heideggers Daseinsanalytik – eine Erweiterung und Verdeckung unserer Handlungsmöglichkeiten auf der Basis einer als wiederholbar erkannten Routine dar, wobei diese Möglichkeiten immer schon in einem sozialen Interaktionsprozeß eingebettet sind. Der Werkzeugbegriff hängt eng mit dem Maschinenbegriff zusammen, im Sinne eines „Umschlagens" (Heidegger) vom „besorgenden" Umgang zur Theorie.

Durch die Formalisierung oder Algorithmisierung werden wiederholbare Handlungsaspekte aus ihrem Kontext herausgelöst und ausdrücklich thematisiert.[10] Diese Kerntätigkeit des Informatikers ist erst auf der Basis der vorverstandenen Handlungssituation und im Hinblick auf ihre Rekontextualisierung sinnvoll. Hermeneutisch gesehen sind demnach der Werkzeug- und der Maschinenbegriff komplementär. Der Entwurf von Maschinen mit Hilfe von Programmiersprachen ist nicht aus dem hermeneutischen Zirkel ablösbar.

Die Ambivalenz der modernen Technik ist aber nicht im Sinne einer von außen zu treffenden Option zwischen einem richtigen oder falschen Gebrauch eines Werkzeugs zu verstehen, sondern sie beruht darin, wie Hans Jonas richtig bemerkt, daß bei ihren Ergebnissen „manche versittlichend und andere entsittlichend wirken, oder dieselben auch beides, und ich wüßte nicht, wie hier eine Bilanz zu ziehen ist" (Jonas 1984: 297). Erst wenn wir die Technik als eine radikale Dimension unseres Existierens auffassen, oder, anders ausgedrückt, erst wenn wir uns gewissermaßen als die ursprünglich Künstlichen, als die in der Kunst des Lebens Erfahrenen und uns in das eigene und fremde Leben gewissenhaft Einfügenden verstehen, werden wir auch anfangen, unsere bisherige „Todestechnik" in eine „Lebenstechnik", wie Wolfgang Schirmacher (1983) betont, zu verwandeln. Dies tun wir aber nicht primär in einer *Auto-*, sondern in einer *Hetero-poiese,* in einem auf den anderen hin sich richtenden und von ihm/ihr sich beurteilen lassenden – in unserem Fall also informationstechnischen – (Lebens-)Entwurf möglicher zwischenmenschlicher Interaktionen.

Es gilt dann, wie Christiane Floyd im Anschluß an den dialogischen Konstruktivismus Heinz von Foersters (1985) und Gordon Pasks (1975) ausführt, die Einbettung der Softwareentwicklung in menschliche Sinnzusammenhänge hervorzuheben. „Ein wesentlicher und immer wieder betonter Aspekt des Konstruktivismus ist," so Floyd, „daß Ethik von der Betrachtung von Erkenntnis und Handeln

---

10 Vgl. Leidlmair (1991), Capurro (1994b: 204–208) sowie Lischka (1987: 15–19).

niemals losgelöst werden kann. ... Das geschieht nicht durch explizite Angabe von Normen darüber, was man tun soll, sondern das Ethische ist von vornherein mit *eingewoben,* da Erkenntnis und Handeln immer auf mich bezogen sind. In /v. Foerster 73/ findet sich der ethische Imperativ: Handle so, daß die Anzahl der Wahlmöglichkeiten größer werden. Den anderen anzuerkennen, erfordert nach /v. Foerster 73/ eine Entscheidung. Sie veranlaßt uns, aus dem Monolog herauszutreten und in den Dialog einzutreten. Dialog bedeutet, die Perspektive des anderen anzunehmen."[11]

In seinem Nachwort zur deutschen Übersetzung des Buches von Winograd und Flores stellt Coy dieses Buch als eine Antwort auf die „seit Jahrzehnten fortwährende Softwarekrise der Informatik, auf das zentrale Problem des Softwareentwurfs ‚Wozu und wie sind Computer nutzbar?'" vor (Coy 1989a: 297). Coy zieht als Fazit, daß die Informatik ihre Bestimmung nicht dadurch erhält, daß sie sich nach dem richtet, was automatisiert werden kann, sondern daß die Gestaltung des Computereinsatzes die Unterstützung anderer Tätigkeiten zum Zweck hat, die nicht primär unter dem Gesichtspunkt ihrer (vollständigen) Algorithmisierbarkeit behandelt werden. Dadurch wird der Computer nicht mehr Zweck einer reduktionistischen, die Lebenswelt algorithmisierende Wissenschaft, sondern er wird Werkzeug des arbeitenden Menschen *(ancilla hominis laborantis).*

Neuerdings hat aber Coy diese enge Dienerschaft auf die Kopfarbeit ausgeweitet und die Werkzeug- durch die Medienmetapher ergänzt, wodurch er letztlich seine de-reduktionistische Sichtweise der Informatik auch auf den Alltag ausweitet (Coy 1993: 31–52). Damit führt Coy die Informatik auf das „In-der-Welt-sein" zurück. Ihre Aufgabe besteht nicht (mehr) darin, die Welt und den Menschen auf das Berechenbare zu reduzieren, sondern die Möglichkeiten eines technisch-berechnenden Denkens werden in die Offenheit menschlicher Verhältnisse eingebettet, so daß der Mensch ohne Verlust oder Verschleierung dieser offenen Mitte sich darin bewegen oder *navigieren* kann. Um bei der letzten Metapher zu bleiben: Weder der Mensch noch der Computer stehen dem Meer gegenüber, sie sind auf jeweils verschiedener Weise in ihm. Menschliches *In-Sein* ist, wie Floyd betont, durch Perspektivität und Interaktion gekennzeichnet. Wenn wir entwerfen, wählen wir, und zwar wählen wir Welten, in denen wir oder andere wohnen werden (Floyd 1991: 25). Software-Design ist Gestaltung der Lebenswelt. Es ist eine ursprüngliche im griechischen Sinn des Wortes ethische Tätigkeit.

Wenn wir also von Ethik *und* Informatik sprechen, dann meinen wir gerade dieses Eingewobensein unserer informationstechnischen Entwürfe in eine sittliche und lebensweltliche Dimension. Die Reflexion über diese Dimension ist Aufgabe der Ethik im Sinne der praktischen Philosophie. Das *und* zeigt an, daß wir es hier mit einem für beide Seiten vorteilhaften Antagonismus im Sinne eines Streites „zweier miteinander zu einem gemeinschaftlichen Endzweck vereinigter Parteien

---

11 Floyd (1989: 9), vgl. auch Floyd et al. (1991).

(concordia discors, discordia concors)" (Kant 1917, AA VII: 35, 28), nicht mit einem leeren Grenzstreit, zu tun haben.

Als Fazit können wir festhalten, daß der zu Beginn angesprochene universalistische Anspruch der Informatik in seiner ethisch-praktischen und nur sekundär in seiner theoretischen Reichweite liegt. Mit anderen Worten, der Gegenstand der Informatik nach dem Paradigmenwechsel ist eben der Mensch, und zwar in bezug auf die *technische* Gestaltung seiner Interaktionen in der Welt, wobei eine solche Gestaltung stets in bezug auf eine von der Informatik her nur indirekt thematisierbare, aber stets in sie hineinspielende *ethische* und *lebensweltliche* Dimension aufgefaßt werden muß. Die Informatik stellt sich als eine hermeneutische Disziplin dar, die die bisherigen theoretischen, praktischen, technischen und anwendungsbezogenen Aspekte umfaßt. Diese werden vom *ethos* her, sowohl vom moralischen Charakter des einzelnen als auch von der Sittlichkeit der Gemeinschaft, als Handlungsentwürfe legitimiert.

Tugendethik im Informatik-Handeln

Somit ist auch die Herausforderung der Informatik für die praktische Philosophie ausgesprochen, nämlich die Thematisierung und Applikation des ethischen Diskurses in bezug auf die Fragen, welcher der Entwurf und die Implementierung solcher Interaktionssysteme für die durch sie direkt oder indirekt Betroffenen (Auftraggeber, Benutzer, Kollegen) aufwirft.

Diese Thematisierung hat zu einer breiten standesethischen Diskussion seitens der Informatiker geführt. Ich denke dabei an die Tätigkeit des Arbeitskreises der Gesellschaft für Informatik *Grenzen eines verantwortbaren Einsatzes von Informationstechnik* und an die *Ethischen Leitlinien der Gesellschaft für Informatik.*[12]

Gerade in Zusammenhang mit der medienartigen Natur der Informationstechnik zeigt sich aber, daß Begriffe wie Maschine oder Werkzeug hier nur analog gelten und daß sich die Frage nach der Zuweisung von Verantwortung dabei neu stellt. Denn Spannungen zwischen sozialer Zweckbestimmtheit und Werkzeugcharakter, etwa beim Mißbrauch von Zugriffsmöglichkeiten oder bei der Übertragung von Verantwortung vom Entwickler zum Benutzer, können nicht mehr auf der Grundlage der klassischen Technikauffassung gelöst werden. Bereits die Arbeitsteilung bei der Entwicklung führt hier, wie auch in anderen Fällen von Großtechnologie, zu der Frage nach einer kollektiven Verantwortung. Nicht scheinbar absolut zuverlässige, sondern fehlertolerante Computersysteme stehen jetzt, nach dem Paradigmenwechsel, im Vordergrund. Eine auf die soziale und offene Dimension menschlichen Existierens ausdrücklich bezugnehmende Informationstechnik steht nun-

---

12 Vgl. Rödiger et al. (1989: 281–289); Ethische Leitlinien der Gesellschaft für Informatik (1993: 239–240). Vgl. Capurro (1993a: 121–140).

mehr unter der Devise: Schwache Informationstechnik ist gute Informationstechnik!

So stellt die Frage nach dem Subjekt der Computer-Ethik (Martens 1989: 239–255) – die Frage, wer die Verantwortung für die Entwicklung, den Einsatz und die Nutzung der Informationstechnik trägt – den Rahmen der Herausforderung der Informatik für die praktische Philosophie dar. Denn auf der einen Seite löst sich, zumindest tendenziell, das verantwortungsvolle Subjekt – auch und gerade, wenn dieses kollektiv aufgefaßt wird – in die vielfachen Vernetzungen auf, so daß es nicht mehr möglich ist, wie es scheinbar im Falle der klassischen Technik war, zwischen Herstellung und Nutzung klar zu trennen. Während auf der anderen Seite die Frage nach ethischen Kriterien für eine menschengerechte Gestaltung dieser mit universalistischen Ansprüchen sich vollziehenden Technik immer dringender wird.

Ich glaube deshalb nicht, daß diese Frage primär, wie Martens mit Recht betont, mit Hilfe eines Rückgriffs auf Kants Kategorischen Imperativ gelöst werden kann (Martens 1989: 239–255).[13] Es wäre ein *petitio principii*. Denn der Teufel steckt zwar hier, wie überall in der modernen Technologie, eben im Detail, aber eine „Casuistik" im kantischen Sinne (Kant 1914, AA VI), eine jener kantischen Praktiken der Selbstformung also, setzt bei Kant die Frage nach dem Subjekt als gelöst voraus, die aber in diesem Fall die eigentliche Herausforderung bildet. Auch das Kriterium der Diskursethik (K.-O. Apel, J. Habermas), die Voraussetzung einer transzendentalen Kommunikationsgemeinschaft, scheint mir aus demselben Grund zwar notwendig, aber nicht hinreichend. Eher glaube ich, daß der Begründer der praktischen Philosophie uns Anhaltspunkte gibt, wie eine relativistische, an die offene Mitte menschlichen Existierens sich orientierende Ethik aussehen kann, eine Reflexion, die vom Einzelfall ausgeht und die Frage nach dem für den Menschen insgesamt Guten in der jeweiligen Situation immer wieder neu stellt.

Das bedeutet nicht, daß die neuzeitliche Frage nach dem Subjekt oder nach der Autonomie des freien Willens überflüssig wäre, sondern diese Frage ist nur nicht losgelöst von einer dialogisch immer schon mit-geteilten, also mit den anderen geteilten und deshalb auch (informations-)technisch gestaltbaren und mitteilbaren Lebenswelt zu sehen. In diesem Sinne fasse ich die Aristotelische *phronêsis* (lat. *prudentia*) als Vor-Sicht auf. Sie ist die Kerntugend technischen Handelns. Aus diesem Grund haben rationalistische Überlegungen in der Ethik eine nicht wegzudenkende Funktion, und zwar bis hin zur Abfassung universalistischer Ethik-Kodizes. Es hieße aber, solche Kodizes in das Gegenteil umkehren, würde man sie als Handlungsanleitungen betrachten, die man nur anzuwenden braucht. Denn ethische Reflexion, so ein wiederkehrender *topos* bei Aristoteles, kann nur umrißhaft stattfinden. Er schreibt:

„Was die Darlegung betrifft, so muß man zufrieden sein, wenn sie denjenigen Grad von Bestimmtheit erreicht, den der gegebene Stoff zuläßt. Die Genauigkeit

---
13 So Martens (1989) im kritischen Abstand zu Johnson (1985).

darf man nicht bei allen Untersuchungen in gleichem Maße anstreben, sowenig als man das bei den verschiedenen Erzeugnissen der Künste und des Handwerks tut" (Aristoteles 1985, I 1094 b: 12–14).

Das ist auch ein Grund, warum die Ergebnisse einer scheinbar rein rationalistisch und vorurteilslos verfahrenden Ethik nicht als Handlungsanleitung verstanden werden dürfen.[14] Ethische Reflexion und tatsächliche Verwirklichung des Guten sind zweierlei.

Für K. Wiegerling ist die ethische Herausforderung mit der anthropologischen verbunden: „Verändert sich der Mensch in seinem Wesen mit der Herrschaft der neuen Technologie?" fragt er in Anlehnung an Heidegger und fügt hinzu: „Die ethische Herausforderung läßt sich in der Frage formulieren: Führt die Entfaltung der neuen Technologie langfristig gesehen zur Ausschaltung des menschlichen Moralbewußtseins, da die menschliche Freiheit, Grundlage jeder ethischen Überlegung, nur noch als Störfaktor in einer auf Funktionalität ausgerichteten technisierten Gesellschaft angesehen wird? In der ethischen Herausforderung ist freilich auch die politische und ökologische enthalten" (Wiegerling 1989: 134).

So reichen weder eine reine Pflichtethik noch eine scheinbar vorurteilslos vorgehende rationalistische Abwägung aus, um mit der Herausforderung der Informatik fertig zu werden. Das formale Kriterium einer dialogisch mitgeteilten Lebenswelt ist notwendig, aber nicht hinreichend. Wir suchen nach Dimensionen gemeinschaftlich (be-)glückender Lebenspraxis, nach menschlichen Lebensformen oder, wie die Tradition sie nannte, nach Tugenden. Ich meine, daß die praktische Philosophie uns auch hier Anhaltspunkte gibt, um gemeinsam und am Einzelfall unsere Urteilskraft zu üben.

Wir sollten bei der informationstechnischen Gestaltung unseres „In-der-Weltseins" folgendes nicht aus den Augen verlieren:

1. *Gerechtigkeit* als Achtung vor der Menschenwürde. Damit meine ich in bezug auf die Informatik die Infragestellung der Trennung von Mensch und Technik, die Reduktion menschlichen Handelns auf regelgeleitete Strukturen und die Ausweitung des Blickes auf dialogisch erschlossene und offene Weltverhältnisse, in der es gilt, von der konkreten Situation auszugehen und auf die individuellen Bedürfnisse und Möglichkeiten des einzelnen stets Rück- und Vor-Sicht zu nehmen.

---

14 Paradebeispiel für die Einseitigkeit einer scheinbar vorurteilslos rationalistisch verfahrenden Ethik ist Singer (1984). So spielen bei Singer z. B. Selbstbewußtsein, Autonomie und Rationalität (S. 106, 179) eine entscheidende Rolle bei der Euthanasie-Frage, mit dem Ergebnis, daß menschliches Leben ohne Bewußtsein „über keinen Wert an sich verfügt" (S. 128), so daß Singer empfiehlt, Kindern „vielleicht für einen Monat" nach der Geburt „ein volles legales Recht auf Leben" abzusprechen (S. 170). Scheinbar vorurteilslos ist dieses Verfahren insofern, als solche Vorurteile über das Wesen des Menschen nirgendwo in Frage gestellt bzw. begründet werden. Und scheinbar rationalistisch insofern, als der Singersche Rationalismus in eine Glaubensposition und letztlich, wie beim Euthanasie-Beispiel, ins Irrationale umschlägt.

2. *Tapferkeit* als Solidarität mit den Leidenden und Unterdrückten. Ich meine damit primär Menschen, aber auch die sonstigen von uns allzuoft gequälten Lebewesen. Das bedeutet ebenfalls die Infragestellung der angeblichen Neutralität der Informationstechnik und die Ausweitung des Blickes von der theoretischen auf die konkrete Universalität etwa der ökologischen Fragen, des Dienstes am Weltfrieden, der Linderung des Hungers und der Krankheiten in den ärmsten Regionen dieser Erde.

3. *Besonnenheit* als freiwillige Selbstbeschränkung. Gerade im Falle der Informationstechnik, die unsere Machtbegierde nicht nur ins Unermeßliche, sondern auch ins Maßlose steigert, gilt es, auf der einen Seite uns selbst Grenzen zu setzen und Schongebiete nicht nur in unserer Arbeits-, sondern auch in unserer sonstigen Lebenswelt zu schaffen und auf der anderen Seite die Möglichkeiten dieser Technik stets auf die Einzelsituation zu beziehen, um sie nicht überdimensional oder gar ausbeuterisch zu gestalten.

Wie sollen wir aber im konkreten Fall – zum Beispiel bei der Entwicklung intelligenter Systeme, bei Fragen der Sicherheit und Zuverlässigkeit von Hard- und Softwaresystemen, bei der Modellierung von Computernetzen, bei militärischen Anwendungen, bei einer immer mehr auch informationstechnisch verwüsteten und kolonialisierten Dritten Welt –, wie sollen wir, die in der Informatik-Forschung, -Lehre und -Praxis Tätigen, verantwortlich handeln? Oder, anders ausgedrückt, wie sollen wir konkret bei diesem oder jenem Projekt die Rahmenbedingungen der Achtung vor der Menschenwürde, der Solidarität mit den Leidenden und Unterdrückten und der freiwilligen Selbstbeschränkung wirksam werden lassen und ihre Mißachtung vermeiden? Genau an diesem Punkt setzen die Praktiken der Lebenskunst an.

Gehen aber diese (meine) Kritik des Werkzeugdenkens und diese (meine) Auffassung der Informatik als hermeneutische Disziplin nicht, wie Peter Schefe (1992: 333) meint, „zu weit"? Zum einen wird die Grenze zwischen Hermeneutik und Informatik verwischt, indem der herstellende Charakter der Informatik, die Erschaffung künstlicher Welten, unter der bloß verstehenden Hermeneutik fälschlicherweise subsumiert wird. Zum anderen hängt der Werkzeugcharakter mit dem Begriff des Machbaren und dieser wiederum mit dem der Beherrschbarkeit und nicht mit dem der Herrschaft über andere zusammen. Letzteres meint, daß der instrumentelle Charakter des Computers die Frage nach der Selbstbeherrschung im Technikgebrauch aufwirft, so daß wir anstelle eines neuen Informatik-Paradigmas eine Änderung des Handelns einzelner Informatiker brauchen.

Damit meint Schefe eine Veränderung des Verantwortungsbewußtseins, die zu vier als „utopisch" gekennzeichneten Forderungen führen:
– einen Verzicht auf Software als zentralistische Großtechnologie der Arbeitsorganisation,

– eine intensive, Emanzipierung fördernde Qualifizierung von möglichen Benutzern,
– eine Ablösung des Gestaltungsprozesses aus der alleinigen Verfügung von Software-Experten und Managern,
– eine offene, überschaubare und der leichten Veränderbarkeit zugängliche Architektur (Schefe 1992: 334).

Schefe hat recht, wenn er die Subsumierung der Informatik unter der Hermeneutik moniert, zumal wenn mit Hermeneutik eine Theorie des Verstehens, die nichts mit dem Erschaffen künstlicher Welten zu tun hat, gemeint ist. Dabei ist aber zu bemerken, daß bereits die traditionelle Hermeneutik gerade das aktive Moment des Verstehens hervorhebt. Um so mehr Heideggers Existentialhermeneutik, bei der es sich um den *exzentrischen,* da grundlosen Entwurf der Existenz handelt. Wenn ich von der Informatik als einer hermeneutischen Disziplin spreche, dann im Hinblick auf den Widerstreit zwischen dem existentiellen und dem informationstechnischen Entwurf. Ich will damit sagen, daß die Informatik – indem sie sich in ihrem technischen Handeln vom existentiellen Entwurf mit-bestimmen läßt – als eine hermeneutische Disziplin aufgefaßt werden kann. Das gleiche gilt für eine sozialwissenschaftlich verstandene Informationswissenschaft. Dies aber weiter auszuführen sprengt den Rahmen dieser Denkpfade.[15] Eine hermeneutisch aufgefaßte Informatik hält dann, ohne ihr technisch-konstruktives Selbstverständnis aufzugeben, eine Spannung zum anderen ihrer selbst aus und verwandelt sich dabei, sofern sie von diesem Querschnitt bisher abgesehen hatte. Diese Spannung ist bereits dadurch gegeben, daß, wie Arno Rolf betont, zwischen Verstehen und Herstellen ein Zusammenspiel besteht, indem das Herstellen nicht bloß das Machen und Konstruieren, sondern, wie Schefe ebenfalls sagt, die Beherrschbarkeit und diese wiederum die Fähigkeit des Sinnentwurfs einschließt (Rolf 1992: 36).

Ich meine aber, daß Schefe in einem anderen von ihm nicht direkt anvisierten Sinne mit seiner Hermeneutikkritik recht haben kann. Aus dem bisher Gesagten könnte man jetzt schließen, daß durch hermeneutische Sinnentwürfe, und sei es durch die von Schefe anvisierten utopischen Veränderungen im Bewußtsein von InformatikerInnen, die Informationstechnik doch noch zu beherrschen sei. Wir hätten aber dann den Teufel mit dem Beelzebub ausgetrieben!

Es sind aber paradoxerweise jene von der Informationstechnik konstruierten künstlichen Welten, die eine sich mißverstehende, weil sich überhöhende Hermeneutik unterminieren und den Widerstreit von der Gegenseite neu entfachen. Wir befinden uns hiermit an einem entscheidenden Wendepunkt dieser Denkversuche über das Leben im Informationszeitalter. Bildlich gesprochen blicken wir im nächsten Kapitel auf den Unterbau und im übernächsten auf den Überbau des Informationszeitalters. Der Unterbau ist die chaotische Informationszirkulation. Den

---

15 Vgl. Winograd/Flores (1989). Zur hermeneutischen Begründung der Informationswissenschaft vgl. Capurro (1986).

Überbau bilden die Mythen der künstlichen Intelligenz. Die durch den *Spreng-Satz* der Existentialhermeneutik geöffnete Mitte wird dadurch nicht weniger abgründig, die Praktiken der Lebenskunst werden um so dringender.

Fünftes Kapitel

Information als Kapital

Das Dilemma der Neokybernetik

Es ist kaum zu übersehen, daß die lange Zeit in Vergessenheit geratene Kybernetik eine neue Aktualität erfährt. Stellvertretend dafür möchte ich auf den von Klaus Haefner (1992) herausgegebenen Band *Evolution of Information Processing Systems* hinweisen. Charakteristisch für diese, wie ich sie nennen möchte, *Neokybernetik* (*Neo*, da sie neuere Ansätze wie Synergetik und Chaosforschung einbezieht) ist, daß sie vom Paradigma der Informationsverarbeitung ausgeht und dieses einem evolutionären Verständnis von Natur und Gesellschaft zugrunde legt.

Demnach versteht sich die Neokybernetik als reduktionistisch und nicht-reduktionistisch zugleich. Sie ist reduktionistisch, sofern sie unterschiedliche Phänomene (leblose Materie, Lebewesen, sozio-kulturelle Entwicklung der Menschheit) unter *einem* Gesichtspunkt, dem der Verarbeitung von Information, betrachtet. Sie soll aber zugleich nicht-reduktionistisch sein, und zwar aufgrund des evolutionären Charakters dieses Formungsprozesses, so daß *information processing* auf der atomaren Ebene nicht dasselbe bedeutet wie *jemandem etwas mitteilen* auf der sozialen Ebene, worauf ich im letzten Kapitel zu sprechen komme.[1]

Das führt zu folgendem Paradoxon: In einer *bottom-up*-Gesamtsicht wird auf den höheren Entwicklungsstufen genauso Information verarbeitet wie auf den niedrigeren. Ein neutraler oder reduktionistischer Informationsbegriff ist die Voraussetzung dafür. Geht man aber den umgekehrten *top-down*-Weg, dann kommt man nicht umhin, Information und verwandte Begriffe – wie zum Beispiel verstehen, Sprache, Mitteilung, Verarbeitung – stets in Anführungszeichen zu setzen, will man dem Vorwurf des Anthropomorphismus entgehen.

Die neokybernetische Lösung dieses Dilemmas *aut Reduktionismus aut Anthropomorphismus* ist beim Baron Münchhausen zu suchen: Man schöpft sich aus dem eigenen Sumpf, indem man beide Wege geht und Grundkategorien wie Information, Informationsverarbeitung oder System jeweils adjektivisch qualifiziert. Das Ergebnis ist dann eine Gesamtsicht „from neural information processing to

---

1 Vgl. dazu Boss' Kritik des Informatismus (1975) sowie Capurro (1981: 333–344).

knowledge technology" (Oeser 1992: 320–349) und zurück. Der Preis dafür ist aber auf der einen Seite die *bottom-up*-Bestimmung des Menschen als ein informationsverarbeitendes System, während auf der anderen *top-down*-Seite eine reine Symbolverarbeitung noch lange keiner menschlichen Wissensverarbeitung gleichgesetzt werden kann. Das Dilemma besteht dann darin zu behaupten, daß menschliches Wissen auf einer neurologischen subsymbolischen Ebene beruht, zugleich aber aus dieser hervorgeht.

Will man aber eine nicht-reduktionistische Synthese unterschiedlicher Phänomene erreichen, dann ist diese nur auf dem Wege der Analogie möglich. Ich bezeichne als Informatismus jeden – im pejorativen Sinne – ideologischen Versuch, diesen analogischen Weg so zu verschleiern, daß daraus ein über die alten (und neuen) Materialismen und Idealismen scheinbar hinausgehender dritter zugleich reduktionistischer und nicht-reduktionistischer Weg beschritten wird, im Sinne von Norbert Wieners Formel: „Information is information, not matter or energy" (1961: 132). Ich füge zu Wieners Behauptung hinzu: Jeder Informatismus, der den metaphorischen Sinn von Information nicht akzeptiert, kann heute nicht überleben.

Im folgenden möchte ich zunächst zeigen, daß ein neutraler oder entanthropomorphisierter Informationsbegriff, so wie ihn Claude Shannon und Warren Weaver (1949) geprägt haben,[2] durch die artifizielle Verselbständigung der Sphäre zwischenmenschlicher Mitteilungen ermöglicht wird. Es ist auch kein Zufall, daß Shannon und Weaver den Informationsbegriff im Hinblick auf die technische Übermittlung von Signalen prägten. Erst durch die Herausbildung einer artifiziell verselbständigten Sphäre der Information konnte, so meine These, dieser entanthropomorphisierte und neutralisierte Begriff auf andere Phänomene reduktionistisch übertragen werden. Es findet also analog zur Verselbständigung der Phänomene Ware und Geld, auch im Falle des Austausches von Informationen auf artifizieller Basis, eine Abstrahierung vom Urheber und somit auch eine gewisse Anonymisierung und Verdinglichung statt, die dann die Basis für die Vorstellung eines neutralen Informationsbegriffs wurde.

Wie stellt sich aber unser Verhältnis zu dieser verselbständigten Informationssphäre dar? In Anschluß an die von Michael Eldred an Karl Marx anknüpfende „Wertformanalyse" spreche ich im Falle der Information von *Informationsanalyse*.[3] In einem zweiten Schritt schlage ich vor, das Verhältnis von Information und Interpretation gewissermaßen umzukehren. Menschliche Interpretationsprozesse knüpfen nicht nur, wie die herkömmliche Hermeneutik betont, an eine höhere geistige Tradition an, sondern sie gründen ebensosehr in einem unteren, mechanischen oder artifiziellen Informationsprozeß. Die artifizielle Hermeneutik bildet dazu eine notwendige Ergänzung und Korrektur.

---

2 Zum Informationsbegriff vgl. Capurro (1978).
3 Vgl. Eldred (1993, 1994).

„Wertformanalyse" und Informationsanalyse

„Wertformanalyse" besagt, daß die Sicht, worunter Marx Waren und Geld betrachtet, den Wert, eine wesensmäßige ist. Sie hat den philosophischen Anspruch, die wissenschaftliche Werttheorie über ihre Grundbegriffe aufzuklären. Die Versuchung ist groß, sozusagen als Fortsetzung von *Das Kapital* eine neue Grundschrift mit dem Titel *Die Information* zu schreiben, und zwar im Sinne der oben angedeuteten Kritik des neokybernetischen Informatismus. Ich spreche von Versuchung, weil der Preis für eine solche Kritik des Informatismus die mögliche Aufstellung eines festen Maßstabs bedeuten könnte – im Sinne zum Beispiel einer Informationsutopie –, wodurch sich die Kritik in ihr Gegenteil verkehrt. Wir lassen uns aber auf diese Versuchung, sozusagen versuchsweise, ein.

Wenn nach der Form von Information gefragt wird, dann stelle ich die These auf, daß das Wesen der Information, das, was wir als Information überhaupt auffassen – nicht nur sprachliche Phänomene also, obwohl diese eine paradigmatische Funktion haben –, die Relevanz ist. Damit meine ich, daß alle möglichen zwischenmenschlichen Mitteilungen analog zu den von Marx analysierten Faktoren Gebrauchswert und Wert (oder Tauschwert) durch subjektive und objektive Relevanz gekennzeichnet sind (vgl. Capurro 1986: 181 ff.). Der Wert der Information besteht in der sich veräußernden und dadurch potentiell allgemein verwertbaren gesellschaftlichen Arbeit der Interpretation, die subjektiven Ursprungs ist, aber jeweils ein Mehr an Bedeutung, eine potentielle und allgemeine oder objektive Relevanz einschließt. Es gilt: Je selbständiger eine Mitteilung gegenüber dem Mitteilenden ist, um so relevanter wird sie, sofern sie potentiell für jeden, jederzeit und für alles mögliche relevant sein kann. Zur Ausbildung einer solchen Selbständigkeit tragen artifizielle Mittel, von den Tonscherben bis zu den elektronischen Netzwerken, wesentlich bei.

In einer weiteren Paraphrasierung der Marxschen Analyse kann man diesen – zum Beispiel durch intellektuelle Arbeit, qualitative Ausdrucksweise, Art der artifiziellen Vermittlung – entstandenen Wertzuwachs *(value-added information)* als einen Ablösungsprozeß auffassen, worin jede Information ein Zwischenglied eines rastlosen Zirkulationsprozesses darstellt. Als Ausgangs- und Endpunkt dieses Prozesses stehen nicht die produzierenden Interpreten, aber auch nicht die tatsächlichen Nutznießer, die Informationskapitalisten, da sie wiederum nur Teile oder Mittel dieser verselbständigten Struktur sind.

Wir haben somit nicht nur mit dem „Rasenden der Technik" (Heidegger) und des Kapitals, sondern auch mit dem Rasenden der Information – von den pausenlosen CNN-Nachrichtenübertragungen bis zu allen Formen multimedialer Vernetzung – zu tun, das stets das Rasende der Informationstechnik, als artifizielle Dimension und Medium des Prozesses, einschließt. Es gilt dann, diese auf den Kopf gestellten Verhältnisse zu re-volutionieren, um die außer Kontrolle geratene und sich ausbeuterisch gebietende Informationssphäre in herrschaftsfreie Kommunikationsverhältnisse zu verwandeln.

Zu der Entfesselung des ausbeuterischen Produzierens bei Marx und des technologischen Bestellens bei Heidegger, gesellt sich eine dritte Art: die der Information. Letzteres bleibt für Heidegger eine Weise des „Ge-Stells",[4] und für Marx eine Branche des Kapitals. In Zusammenhang mit der Marxschen Hoffnung auf eine Aufhebung der privaten Produktion stellt Eldred fest:

„Es scheint mir wichtig, von jedem Hinblick auf eine Überwindung und Beseitigung der jetzigen Verhältnisse, seien sie gesellschaftliche Eigentumsverhältnisse, seien sie wissenschaftliche Verhältnisse des Entbergens, abzusehen, um den Blick auf das, was *ist*, zu konzentrieren. Vielleicht geht es sogar eher darum, wie wir uns mit dem Gestell und der Verwertung abfinden, als daß wir sie zu überwinden und zu beseitigen trachten. Vielleicht ist der Wille zur Beseitigung selbst problematisch, d. h. zu sehr vom Menschen als Subjekt seiner eigenen Geschichte aus gedacht" (Eldred 1994).

Diese Aussage klingt zwar resignativ („abfinden") und angepaßt, in Wahrheit aber will sie die Augen vor dem, was ist, offenhalten. Wir könnten uns eine interpretatorische Herrschaft über das *Informations-Gestell* einbilden – durch eine bessere Technik oder durch die natürliche Vorstellung einer „transzendentalen Kommunikationsgemeinschaft" (Apel/Habermas) oder durch eine wie auch immer geartete Hermeneutik des Sinns.

Diese besonders seit der Erfindung des Buchdrucks sich entfaltende und durch die neuen Technologien – vom Telefon bis zur *virtual reality* – geprägte artifizielle Seinsweise unserer Mitteilungen stellt sich für den Interpreten, gleichgültig, ob er/sie dabei einen theoretischen oder einen praktischen Nutzen erzielen will, als ein labyrinthischer Ort heraus. Dieser Ort ist ein Prozeß oder eine „Zirkulationssphäre" (Marx) der *Un-Wahrheit*, woraus Gestalter, Betreiber und Interpreten zwar ihren jeweiligen Nutzen ziehen können, der sich aber einer umfassenden Sinngebung und totalen Beherrschung entzieht.

Dieser Entzugs- oder Abstraktionsprozeß vom menschlichen Nutzer ist nicht als metaphysische Hypostasierung, sondern rein artifiziell aufzufassen, denn die Informationen haben für die Träger im wahrsten Sinne des Wortes keinen Sinn. Sie bilden aber auch nicht eine „dritte Welt" (Popper). Ihre Verselbständigung ist funktional nicht ontologisch.[5] Die Informationssphäre ist eine in ihren Inhalten vom potentiellen Interpreten konstituierten und in ihrer Artifizialität auch konstruierten

---

4 Mit der Schreibweise „Ge-Stell" unterscheidet Heidegger diesen Terminus vom üblichen Begriff des Gestells. Er schreibt: „Wir nennen die Versammlung der Berge, die, von sich her einig und nie nachträglich, schon gesammelt ist, das Gebirge. Wir nennen die Versammlung der Weisen, nach denen uns so und so zumute ist und sein kann, das Gemüt. Wir nennen jetzt die von sich her gesammelte Versammlung des Stellens, worin alles Bestellbare in seinem Bestand west, *das Ge-Stell*" (Heidegger 1994: 32). Heidegger verwendet aber auch die Schreibweise Ge-stell und Gestell (Heidegger 1976b).
5 Zur Kritik der Popperschen Ontologie vgl. Capurro (1986: 88–98).

Sphäre, die aber in ihrer Gesamtheit die gewohnten Konturen der Lebenswelt überschreitet und somit neutral oder anonym anmutet. Ihre Artifizialität verleiht ihr den Charakter des menschlich Unspezifischen, einer den menschlichen Mitteilungsprozeß nicht über-, sondern unterschreitenden Form, *wodurch dann ein neutralisierter Informationsbegriff paradigmatisch für andere Austauschphänomene wird.*

Die Entanthropomorphisierung der Informationssphäre bildet deshalb, so meine These, die Basis für die kybernetische Vorstellung einer alle materielle und immaterielle Austauschprozesse bestimmenden Größe, wobei der Informatismus in die, wie Bar-Hillel (1973: 296) sie nannte, „semantische Falle" des Reduktionismus fällt. Denn wenn wir zum Beispiel sagen, daß eine Symbolkette etwas bedeutet, verwenden wir einen kognitiven Informationsbegriff, der nicht im selben Sinne einer symbolverarbeitenden Maschine (Computer) zugesprochen werden kann.[6]

Ich meine aber, daß die Artifizialität der Informationssphäre eine eigene Qualität hat, die sich von der Reflektiertheit des hermeneutischen Verhältnisses zwischen Interpretation und Tradition unterscheidet, indem sie den Interpreten nicht sozusagen von oben, durch überlieferte Verstehenshorizonte, sondern von unten gleichsam mechanisch und artifiziell unterwandert. Somit stellt sich nicht nur die Frage nach einem „wirkungsgeschichtlichen" Zusammenhang von Tradition und Interpretation (Gadamer 1975), sondern ebensosehr die nach der artifiziellen Unterwanderung dieses Zusammenhangs.

Die artifizielle Unterwanderung der Interpretationsgemeinschaft

Ähnlich wie bei der Tradition befinden wir uns als Interpreten gegenüber der artifiziellen Informationssphäre in der paradoxen Lage, daß wir sie nicht ganz in der Hand haben, da sie sich eben artifiziell verselbständigt hat und eine Bedingung der Möglichkeit unseres Verstehens, Gestaltens und Handelns darstellt. Sowenig wir von einem bestimmten thematisierten Vorverständnis aus – zum Beispiel von einer konkreten Interessenlage oder von einer wissenschaftlichen Theorie – das Bedeutungspotential der Tradition ausschöpfen können, sowenig können wir die artifizielle Zirkulation der Information durch eine bestimmte Technostruktur oder, noch weniger, durch einen Rückgriff auf die höhere Ebene der Tradition, in ihrer potentiellen Relevanz fassen.

Es ist besonders durch die elektronische Artifizialität mit ihrer Vielfalt an Medien, Netzen und kombinatorischen Ex- und Implosionen aus Bildern, Tönen und

---

6 Vgl. Dretske (1986: 97–109). Ein ähnliches Problem liegt der Formalisierung des Symbolbegriffs zugrunde, vgl. Krämer (1988b).

Texten, wodurch wir schon im Vorfeld der Interpretation nicht nur den inhaltlichen Überblick, über das, was es alles an potentiell relevanten Mitteilungen gibt, immer schon verloren haben. Der Interpret erfährt nicht nur eine Bedingtheit nach oben, sondern auch eine durch die „Gutenberg-Galaxis" (McLuhan) eingeleitete artifizielle Bedingtheit nach unten. Durch die Artifizialität der Informationssphäre verändern sich auch die aisthetischen (*aisthesis* = Wahrnehmung) Rahmenbedingungen der herkömmlichen Hermeneutik. Damit meine ich nicht nur eine Veränderung der Gegenstände der Wahrnehmung, die zum Beispiel aufgrund der Möglichkeiten von Visualisierung von Information durch den Computer gegeben sind und die nicht besser oder schlechter, sondern eben anders sind als die des Papiers und der mündlichen Mitteilung. Ich meine vor allem auch eine mediatisierte und medialisierte Veränderung unserer eigenen Wahrnehmungsmöglichkeiten selbst.

Diese Situation erfordert eine Reformulierung der der herkömmlichen Hermeneutik zugrundeliegenden rhetorischen und ästhetischen Kategorien, worauf ich jetzt nur andeutungsweise eingehen kann. Während die klassische rhetorische Situation vom Redner ausgeht, der zu überzeugen *(persuasio)* versucht, muß eine sozusagen artifizielle Rhetorik von der Bedingtheit der Kommunikanten durch die Zirkulationsphäre der Information ausgehen, so daß rhetorische Kategorien wie Findung *(inventio)* oder Anordnung *(dispositio)* in Zusammenhang mit artifiziellen Techniken wie *information retrieval,* Hypertext-Methoden, Software-Design usw. neu bedacht werden müssen.

Das gilt aber, viel grundsätzlicher, für die Vorstellung einer „Fundamentalrhetorik" im Sinne einer Grundlegung der lebensweltlichen, an geschichtliche Traditionen (Sprache, Kultur usw.) anknüpfenden und in ihnen konkret gegründeten Öffentlichkeit, in der die Informationssphäre einen Sinnhorizont finden soll (vgl. Oesterreich 1990). Ich meine, daß eine solche Vermittlung der Informationssphäre mit der Sphäre der Traditionen möglich und notwendig ist, daß sie aber durch die Artifizialität und Verselbständigung der Informationssphäre von unten transzendiert wird, so daß nicht nur die Artifizialität in der Lebenswelt, sondern ebensosehr die Lebenswelt in der Artifizialität gründet. Der *homo rhetoricus* des 20. Jahrhunderts ist zugleich ein *homo rhetoricus informaticus.* Die Informationssphäre stellt die menschliche Bestrebung dar, das Allgemeine nicht nur durch die Unterscheidung des Begriffs zu konstituieren, sondern ebensosehr durch die Vernetzung des Artifiziellen zu konstruieren. Vom Begrifflichen aus gesehen wirkt sie unterbelichtet, aber vielleicht zeigt sie von sich aus an, welcher Belichtungsgrad dem Begriff eigen ist.

Die Artifizialität der Informationssphäre bewirkt nicht nur eine Änderung der Kategorien, die der Bestimmung des Verhältnisses zwischen Tradition und Interpretation dienten, sondern auch eine Änderung der natürlichen *aisthetischen* Grundbefindlichkeiten der Interpreten, die von der Informationssphäre aus gesehen Kommunikanten sind. Spätestens hier wird es deutlich, inwiefern Interpretation nicht primär als eine kognitivistische, sondern als eine den Menschen in der praktischen Gestaltung und Erweiterung seines leiblichen Existierens betreffende Verhaltensweise aufzufassen ist.

Dieser existentiale Sinn von Verstehen, so wie ihn Heidegger in *Sein und Zeit* ausformuliert hat, wird aber jetzt vor dem Hintergrund der unser „Mitsein" von unten bedingenden und unsere utilitaristischen Phantasien stets aushöhlenden Informationssphäre reflektiert, wobei die Artifizialität des „Mitseins" keineswegs mit dem Heideggerschen „Man", also mit einer Weise der „Verfallenheit" unseres „eigentlichen" Verstehens, gleichzusetzen ist. Denn das „Man" bezieht sich auf die verfestigten unbefragten Traditionen, in denen man sich eben zunächst und zumeist versteht, während die Informationssphäre selbst nicht nur vordergründige, sondern zugleich abgründige Dimensionen aufweist, die den Kommunikanten den Boden unter den Füssen wegziehen und ihnen eine Infragestellung der lebensweltlich festgeschriebenen (Benutzer-)Oberflächen möglich machen.

Auf dem Bildschirm ist nicht alles instantan, immateriell und virtuell, oberflächlich und ohne Hintergrund, wie Wolfgang Welsch (1991: 95) meint. Hinter der Benutzeroberfläche steckt virtuell und materiell die artifizielle Informationssphäre, deren Gleichzeitigkeit eher der Vorstellung einer *Alice in Wunderland*-Welt, als die von Baudrillard und Virilio beschworenen Simulakren und Geschwindigkeitsapokalypsen, die das Ende jeder kritischen Urteilskraft und einer lebensweltlich bewohnbaren Erde ausmachen sollen. Nur wenn wir eben an der Oberfläche der Benutzeroberfläche bleiben, ergibt sich die von Welsch als Kontrapunkt zur Medienanästhesie propagierte ästhetische Reaktion, die mit dem elektronischen Medium in erster Linie einen Verlust anstatt einer Verwandlung des *Aisthetischen* zu sehen vermag. Eine so aufgefaßte natürliche Ästhetik bleibt eben blind für die den natürlichen Verstehens- und Wahrnehmungsprozeß von unten her sozusagen listig-mechanisch *(mechane)* unterwandernden artifizielle Dimension, in der die vertrauten Bilder, Laute, Räume, Zeiten usw. in einem verwirrenden Spiel auftreten.

Demnach verhält es sich umgekehrt zu dem, wie Welsch es vermutet: Nicht die Sphäre der Information wirkt anästhesierend auf die artifizielle Unterwanderung der Wahrnehmung, sondern die natürliche Wahrnehmung wehrt sich anästhesierend auf diese Bedrohung des Artifiziellen. Denn gerade die natürliche Wahrnehmung stellt eine über Jahrtausende gewachsene und verfestigte, also uniformierende Sicht dar. Der Einbruch des Artifiziellen öffnet buchstäblich den Blick in den, von der alltäglichen Wahrnehmung aus gesehen, aisthetischen Un-Sinn, von den bizarren Formen der Fraktale bis zu den unerhörten Tönen der elektronischen Musik.

Damit will ich aber keineswegs bestreiten, daß die Oberfläche des *Informations-Gestells* sich nicht uniformierend, und zwar nicht nur sinnes-, sondern auch sprachanästhesierend auf die Lebenswelt auswirken kann. Daß das Fernsehen zur sozialen Aphasie führt, ist ein allzubekanntes Phänomen. Auch der scheinbar harmlose Charakter einer Benutzeroberfläche kann die lebensweltliche Öffentlichkeit so maskierend prägen, daß die von ihr eröffneten Bedingungen des Handelns (und Denkens) sich als lähmend auswirken.

Aber die Möglichkeiten einer artifiziellen Rhetorik führen nicht notwendigerweise in die Aphasie oder in die Passivität. Die Informationssphäre weist eine spezifische artifizielle Dimension des Schweigens auf, die bekanntlich in der abendländischen Tradition bereits in Platons Kritik der Schriftlichkeit zur Sprache kommt. Die Thematisierung des die Artifizialität der Informationssphäre bestimmenden Schweigens im Rahmen einer *Sigetik* steht noch aus. Man sollte nicht vergessen, daß die systematische Verschweigung des Schweigens in der Logik zur Verfestigung und Uniformierung bestimmter Denkformen geführt hat.[7]

So wie in der Übergangsphase von der mündlichen Sprachkultur in die Schriftkultur die rhetorischen *Topoi* eine andere Prägung erhielten, ohne daß wir deshalb aufhörten, miteinander von Angesicht zu Angesicht zu sprechen, so müssen wir auch ihre Veränderung durch die artifizielle Informationssphäre bedenken. Ich will nicht sagen, daß wir einen auf die Lebenswelt hin orientierten ästhetischen und rhetorischen Gestaltungsprozeß nicht brauchen oder daß wir gar auf die Ausbildung der natürlichen Wahrnehmung verzichten sollten oder könnten. Das gilt auch im Hinblick auf die Vorstellung eines angeblich linearen Fortschritts der artifiziellen Kommunikationsmedien. Die unterschiedliche Materialität eines Bildschirms und eines Buches führt klar vor Augen, daß keine gleichwertige Visualisierung von abstrakter Information stattfinden kann.[8] Dazu trägt primär nicht die vielbeschworene Immaterialität der neuen Medien, sondern ihre Materialität bei (vgl. Gumbrecht/Pfeiffer 1988).

Die elektronische Informationssphäre öffnet aber sozusagen eine Unterführung unserer ästhetischen und rhetorischen Fähigkeiten zu durchaus profanen, aber in vielfacher Hinsicht befremdenden und widernatürlichen Erfahrungen der Sinnesverwirrungen und des Un-Sinns. Anstatt uns ästhetisch zu erheben, können wir uns *aisthetisch* erniedrigen oder dezentrieren. Heideggers Wort vom Gestell als dem „photographischen Negativ des Ereignisses"[9] findet eine vielleicht überraschende Deutung, die über ein vordergründiges kulturkritisches Lamento hinausgeht. Erst wenn wir den Oberflächencharakter des Gestells vor dem Hintergrund des es unterwandernden Un-sinns erscheinen lassen, wird diese Oberfläche tatsächlich zu einer Oberfläche des „Ereignisses", zum geschichtlichen Zeichen einer Veränderung oder „Abschwächung" (Vattimo) der lebensweltlich-verfestigten Verhältnisse des Menschen in der Welt.

Diese Veränderung betrifft nicht nur eine Abnahme des vordergründigen Glanzes der natürlichen Ästhetik. Indem wir uns auf die elektronische Informations-

---

7 Zur *Sigetik* (*sigan*=schweigen) vgl. Wohlfart/Kreuzer (1971, Bd. 8: Sp. 1483–1495). Vgl. auch Trettin (1991).
8 Vgl. Tufte (1983, 1990) sowie Girill (1992: 17–26).
9 Heidegger (1977b: 104). Vgl. Capurro (1992: 220–224).

sphäre einlassen, kann auch eine Relativierung des „Tiefrausches des Verstehens" (Pfeiffer 1988: 27)[10] stattfinden. Glaubten wir durch die Verschriftlichung unserer Mitteilungen und durch ihre Auswahl, Sammlung und Ordnung in einer Bibliothek oder sogar in einer Enzyklopädie des Labyrinths des „Symbolischen" und „Imaginären" (Jacques Lacan)[11] Herr zu werden, so stellt jetzt der vernetzte artifizielle Körper unserer Kommunikationen keinen „Klartext" dar (Kamper 1988: 43–62), sondern eine unentrinnbare Vielfalt von Fäden oder, um eine andere Metapher zu gebrauchen, von Unterwasserströmungen, mit denen auch ein erfahrener Argonaut oder „Hermenautiker" (Friedrich Kittler), mit dem ganzen Schatz an Hard- und Software nicht fertig werden kann.[12] Die artifizielle Hermeneutik ist nicht bloß eine interpretierende, sondern eine zugleich konstruierende. Sie ähnelt somit eher der Heideggerschen Hermeneutik der Existenz im Sinne eines praktischen Lebensentwurfs als der methodologischen Texthermeneutik der Geisteswissenschaften. Als Hermeneutiker und Hermenautiker stehen wir zwischen Tradition und Information. Wir müssen im vernetzten Labyrinth des *Informations-Gestells* navigieren und es lebensweltlich gestalten. Dieses klippen- und strömungsreiche Labyrinth arbeitet nicht nur, um an Nietzsche zu erinnern, „mit an unseren Gedanken", sondern auch an unseren Taten.[13] Durch Humanismus, Naturalismus und Technizismus versuchen wir vergebens die Mitte unserer Existenz festzulegen. Wenn wir uns auf die Entzugsdimensionen des *Informations-Gestells* einlassen, dann zeigt sich in der Kühle und Profanität des Artifiziellen die labyrinthische Natur unseres Begehrens, uns jenseits der Natur technisch anstatt metaphysisch zu transzendieren. Diese untergründige, wuchernde und chaotische Dimension des Artifiziellen, die nicht selten das Gewand des Faszinierenden anhat, bietet einen unendlichen Stoff für technologische Mythen.

Wir befinden uns hiermit nicht nur „am Ende der Gutenberg-Galaxis" (Bolz 1993), sondern, wie im nächsten Kapitel zu zeigen ist, am Anfang der GOLEM-Galaxis. Ich glaube nicht, daß man die Kybernetik oder die Hermenautik gegen die Hermeneutik ausspielen sollte. Es ist außerdem einfach naiv zu sagen, daß „der Abschied von den diskreten, privaten Dokumenten der Gutenberg-Galaxis ... eben auch ein Abschied von den Ordnungsmustern Hierarchie, Kategorie und Sequenz" ist (Bolz 1993: 217). Jeder, der mit Datenbanken zu tun hat, weiß, daß Hierarchie, Kategorie und Sequenz keineswegs verabschiedet wurden, sondern, und gerade bei einer Entlinearisierung à la Hypertext, eine konstitutive Rolle dieser Systeme bilden. Bereits in der Gutenberg-Galaxis wußte man von Verweisungstechniken und entlinearisierten Enzyklopädien. Damit will ich keineswegs sagen, daß die neuen

---

10 Vgl. auch die Beiträge unter der Überschrift „Medien/Kopplungen" in: Gumbrecht/Pfeiffer (1991).
11 Zu Lacan vgl. Juranville (1984).
12 Vgl. Kittler (1988: 342–359).
13 Nietzsche (1975, III, I: 172). Vgl. auch Stingelin (1988: 327–341).

Informationstechnologien nur elektronisch transponieren, was in gedruckter Form vorlag. Denn so wie der Übergang von einer vorwiegend oralen zu einer literalen Kultur nicht nur neue technische, sondern auch neue hermeneutische und lebenstechnische Fragen aufwirft – man denke an die Platonische Schriftkritik –, so stellt die elektronische Weltvernetzung mit der Vielfalt an Verknüpfungs- und Übertragungsmöglichkeiten eine andere Qualität des Mitteilungsphänomens dar. Wenn für Bolz „die Technik der modernen Post ... viel interessanter ist als die Theorie der Postmoderne" (Bolz 1994), dann läßt sich diese Einsicht auch umdrehen: Keine Technik der modernen Post ohne Theorie der Postmoderne, denn das Interessante an der modernen Post ist, daß sie die Post der Postmoderne ist.

Wir tauschen auch keineswegs die Welt der Schrift gegen die der Bilder aus, wie Flusser (1993b) behauptet, sowenig wie wir aufgehört haben, miteinander von Angesicht zu Angesicht zu reden, seitdem wir miteinander schriftlich verkehren. Aber so wie eine orale Kultur auf die Utopie der unmittelbaren oral-diskursiven Verständigung orientiert ist, wie am anachronistischen „Mythos des kommunikativen Handelns" (Bolz) ersichtlich, und so wie eine Schriftkultur das Buch ebenfalls zum Mythos erhebt und gegebenenfalls auch, wie bei Jacques Derrida, die Abwesenheit sakralisiert, so scheint es heute auch, als ob das Wuchern der rastlosen elektronischen Informationszirkulation eine negative Utopie menschlichen Nicht- und Halbverstehens, eine Parodie der Texthermeneutik sozusagen, bieten würde. Dabei verkennen wir aber paradoxerweise, daß die Herrschaft einer Mitteilungsform keineswegs eine Verabschiedung der alten Kommunikationsverhältnisse bedeutet. Um die neuen Mythen abzuschwächen, brauchen wir, wie noch zu zeigen ist, eine Genealogie der Information. Zunächst wenden wir uns aber jenem anderen mythischen Überbau unseres Informationszeitalters zu, der unser offenes und abgründiges Existieren nach oben zu transzendieren versucht.

Sechstes Kapitel

Geistermythologie im technischen Gewand

Der Traum von künstlichen höheren Intelligenzen

„Sie wollen über sich hinaus gehen und dem Menschen entfliehen. Es ist Wahnsinn: anstatt sich in Engel zu verwandeln, verwandeln sie sich in Tiere, anstatt sich zu erheben, erniedrigen sie sich" [Übers. v. Verf.].[1]

Dieser Gedanke von Michel de Montaigne im Schlußkapitel der *Essais* ist ein Topos ethischen Denkens. Er richtet sich gegen die Überhöhung geistiger Sehnsüchte und die sich dadurch ergebende Vernachlässigung der Leiblichkeit und des menschlichen (Lebens-)Maßes. Montaigne spottet über die Unsterblichkeitsphantasien Alexander des Großen, die von seiner Sterblichkeit zeugen: auch „auf dem höchsten Thron dieser Welt sitzen wir auf unserem Arsch" (ibid., Übers. v. Verf.). Eine bekannte *pensée* von Pascal lautet:

„Der Mensch ist weder Engel noch Tier, und unglücklicherweise derjenige, der den Engel nachahmen [wörtlich: machen] will, macht sich zum Tier."[2]

Dieser Topos kommt bei Herder folgendermaßen zum Ausdruck: „... denn eine *Angelität* im Menschen kennen wir nicht, und wenn der Dämon der uns regiert, kein humaner Dämon ist, werden wir Plagegeister der Menschen. Das *Göttliche* in unserm Geschlecht ist also *Bildung zur Humanität* ... oder wir sinken, höhere und niedere Stände, zur rohen Tierheit, zur *Brutalität* zurück" (Herder zitiert nach Bahr 1976: 38).

Meine These lautet nun, daß so wie der von der Natur her sich verstehende Mensch sich als vernünftiges Tier *(animal rationale)* zwischen Tier und Engel bestimmt, so der sich von der Künstlichkeit her verstehende Mensch *(homo informaticus)* sich zwischen niedrigeren und höheren informationsverarbeitenden Syste-

---

[1] Montaigne (1965, III, 13: 415): „Ils veulent se mettre hors d'eux et échapper à l'homme. C'est folie: au lieu de se transformer en anges, ils se transforment en bêtes, au lieu de se hausser, il s'abattent."
[2] Pascal (1977: 572): „L'homme n'est ni ange ni bête, et le malheur veut que qui veut faire l'ange fait la bête." Vgl. auch (ibid.: 112): „Il ne faut pas que l'homme croie qu'il est égal aux bêtes, ni aux anges, ni qu'il ignore l'un et l'autre, mais qu'il sache l'un et l'autre." Vgl. Valéry (1957, Bd. 1: 198–201, 205–206).

men einstuft. Von oben her gesehen, begreift sich der Mensch im ersten Fall unter dem Gesichtspunkt der Göttlichkeit und Ewigkeit *(sub specie aeternitatis)*, im zweiten Fall unter dem der künstlichen (höheren) Intelligenzen *(sub specie intelligentiae artificialis)*. Die Vorstellung einer künstlich herstellbaren und uns überragenden Intelligenz nimmt in unserer technologischen Zivilisation jene Stelle ein, die in den Mythologien und Religionen die Dämonen und die Engel besaßen. Die Bestimmung von getrennten Intelligenzen und vergleichsweise auch die von künstlicher Intelligenz dient der Selbstbestimmung des Menschen, hat also eine philosophisch-anthropologische Funktion.

Der Mythos von mittleren göttlichen Wesen, die der Gottheit oder den Göttern als Boten, Wächter usw. dienen, ist Bestandteil der großen Religionen. Der Wandel des Engelbildes geht, so Rosenberg,[3] von einer sakralen-hieratischen zu einer profanen-lockeren Form über, etwa von monumental-tierhaften Darstellungen im Alten Orient zu den maßvoll-menschlichen *daimonischen* Boten der Griechen. Das Wort *angelos* (Bote) ist eine Amtsbezeichnung: Engel stehen im Dienste des Gottes, sie sind Verkünder des Wahren. Die Götter der Sumerer, Babylonier, Ägypter und Griechen üben ihre Herrschaft durch ihre Boten aus. Sie unterscheiden sich, vor allem in den monotheistischen Religionen, von den Dämonen als Prinzip des Bösen. Die Engelsvorstellungen aus Mesopotamien sowie die Umwandlung altiranischer Gottheiten durch Zarathustra beeinflussen die jüdische Auffassung des Engels Jahwes zum Beispiel im Buch Tobias sowie die Gnosis. Im Neuen Testament stehen die Engel im Dienste des Heilshandelns Jesu.[4]

In der abendländischen Denktradition war der neuplatonische Philosoph Porphyrios (232–304 n. Chr.) der erste Philosoph, der eine Engellehre entwickelte (Nobis 1971, Bd. 2: Sp. 500–503). Im Dialog *Cratylos* knüpft Platon an die Mythologie Hesiods an: Die Dämonen heißen so, weil sie zum goldenen Menschengeschlecht gehörten und vernünftig waren (Crat. 397e-398c).[5] Im *Symposion* ist Eros ein *daimon,* „ein Mittleres zwischen Sterblichem und Unsterblichem ... Er wirkt als Dolmetscher und Bote von den Menschen bei den Göttern und von den Göttern bei den Menschen ... Solche Dämonen nun gibt es viele und von mancherlei Art, einer von ihnen ist auch Eros" (Symposion 202e–203a).[6] Wer mit ihnen in Verbindung

---

3 Vgl. Rosenberg (1986). Vgl. auch das grundlegende Werk von Rohde (1921).
4 Engel spielen in der jüdischen Religion eine große Rolle. In den meisten Fällen wird der Himmelsbote Engel des Herrn (hebr. malak Jahwe, griech. *angelos tou kyriou*) genannt (vgl. Huber 1980). Höhepunkt der Engelsdarstellungen im Alten Testament sind die Visionen Jesajas und Ezechiels. Das Alte Testament deutet an, daß sie am Beginn der Schöpfung standen (Ps. 148 und 33).
5 Die Übergänge zwischen *theos, daimon* und *angelos* sind fließend. Bei Homer (Il. I, 222) werden die Götter als *daimones* angesprochen. Bei Hesiod entstehen die *daimones* aus dem goldenen Menschengeschlecht. Sie handeln im Auftrag des Zeus und wachen über die Menschen (Hesiod 1938: 121 ff., 252 ff.).
6 Die Gestalt des Hermes ragt in der griechischen Mythologie als Archetyp des Boten (aber auch als Hüter der Wege, Seelengeleiter, Traumdeuter usw.). Er darf aber nicht mit dem Engel als Mittelwesen gleichgesetzt werden (vgl. Rohde 1921, Bd. 2: 388).

tritt, wie zum Beispiel ein Seher, ist ein „dämonischer Mann" im Gegensatz zu den „Banausen", die sich in Kunst und Handwerk auskennen. Für Alkibiades ist Sokrates ein „wahrhaft dämonischer und wunderbarer Mann" (Symposion 219c). Platons Lehre im *Timaios,* die eine wahrscheinliche Sage (*eikota mython,* Tim. 29d) darstellt, schöpft aus pythagoräischen und ägyptischen Quellen (vgl. Gebser 1949). Der Demiurg gestaltet zuerst die Götter aus Feuer und verteilt sie um den Himmel. Den so entstandenen Sternen göttlicher Natur bestimmt er die gleiche Anzahl von Seelen zu. Die Natur des Menschen wird als ein „Gemisch" aus einer einem göttlichen Stern unmittelbar zugeordneten Seele und einem Leib aufgefaßt. Dieser oberste Seelenteil mit Sitz in unserem Haupt gab uns der Gott jedem von uns als Schutzgeist (*daimon,* Tim. 90a). Damit unterstreicht Platon die Identität und Differenz von *psyche* und *daimon*.

Aristoteles erblickt im alten kosmologischen Mythos die Wahrheit, wonach „die Himmelskörper Götter seien und das Göttliche die ganze Natur umfasse", während er zugleich die anthropomorphen Gottesvorstellungen ablehnt (Metaph. 1074b, 1–14).[7] Seine zum Teil widersprüchlichen Aussagen bezüglich der göttlichen Natur der Gestirne in der Schrift *Über den Himmel* sind unter anderem für die Frage nach einer unzerstörbaren Substanz, dem *Äther* – die spätere *Quintessenz* der Alchemie – von Bedeutung.[8] Diese Substanz wird in der neuplatonischen und stoischen Tradition der Astraltheologie als Substanz der Seelen und Intelligenzen aufgefaßt. In seinem Buch *Über die Seele* bestimmt Aristoteles die Vernunft als tätig (*nous poietikos* De an. III, 4, 429a). Der tätige Intellekt ist leidenslos, unvermischt, unsterblich und ewig. Wenn aber der tätige Intellekt eine vom Körper getrennte Substanz ist, dann hängt die Bestimmung des Menschen sowohl von seinem Verhältnis zu den getrennten Substanzen als auch vom Bezug seiner Vernunft zum Leib ab. Daraus wird ersichtlich, warum die Frage nach den getrennten Intelligenzen (*intelligentiae separatae*) für die Erörterung des Wesens des Menschen im Mittelalter von zentraler Bedeutung war.

In der christlichen Theologie findet eine Synthese zwischen den Engelsvorstellungen des Alten und Neuen Testaments und der griechischen Mythologie und Philosophie statt, die einen Höhepunkt im Werk des Pseudo-Dionysius Areopagita er-

---

7 In Auseinandersetzung mit den arabischen Philosophen wird sich Thomas von Aquin vor allem mit dieser Stelle aus der *Metaphysik* befassen.

8 Vgl. Aristoteles (1965). In seiner Introduction schreibt P. Moraux: „Pour l'eschatologie syncrétiste, l'éther, à la fois élément astral et élément porteur de l'âme, jouera le rôle d'intermédiaire entre l'âme immatérielle et le corps matériel ... L'existence d'une matière si subtile qu'elle en devient presque immatérielle permettra également à la démonologie, puis, dans les premiers siècles de l'Eglise à l'angélologie, de concevoir des êtres supérieurs à l'homme incarné, mais inférieurs à Dieu" (ibid.: LVIII-LIX). Für Pierre Aubenque (1991) ist der aristotelische Gott, im Gegensatz zum platonischen Gott, ein transzendenter Gott. Die göttlichen Gestirne nehmen den Platz der Platonischen Ideen ein (ibid. 337).

reicht. Auf dieser Basis entwickelt Thomas von Aquin seine Engellehre, die ich mit dem technologischem Mythos der künstlichen Intelligenz in Verbindung bringen möchte.

Der Topos von künstlichen, uns überragenden Intelligenzen findet sich häufig in der Science-fiction-Literatur. Er prägt aber auch die wissenschaftliche Debatte um die künstliche Intelligenz, was vermutlich nicht allgemein bekannt ist. Hierzu einige Beispiele: Douglas Hofstadter und Daniel Dennett kommentieren einen Text von Stanislaw Lem, in dem von einer „experimentellen Theogonie" die Rede ist, folgendermaßen:

„Gibt es Strukturen, die an Komplexität ad infinitum zunehmen, oder erreichen alle Strukturen an irgendeinem Punkt einen stabilen Endzustand? Gibt es immer höhere Strukturebenen, die jeweils eigenen Erscheinungsgesetzen gehorchen – vergleichbar den Molekülen, Zellen, Organismen, Gesellschaften in unserem eigenen Universum?" (Hofstadter/Dennett 1981: 306)

Die dichterische Phantasie des polnischen Schriftstellers erreicht diesbezüglich einen Höhepunkt in seinem Roman *Also sprach Golem*. GOLEM XIV ist der letzte einer langen Reihe von Supercomputern, bei denen der Versuch gemacht wurde, sie ethisch zu stabilisieren und mit Hilfe eines Ethik-Kodexes den politisch-militärischen Imperativen des „US Intellectronical Board" gefügig zu machen. Daher auch der Name des ersten GOLEM (General Operator, Longrange, Ethically Stabilized, Multimodelling). GOLEM XIV nun verkündet den Menschen, daß er, der Mensch, „ein *Übergangswesen* ist, ein Wesen, das von der Evolution gezwungen wurde, sein Schicksal selbst zu übernehmen" (Lem 1984: 39). Während unsere Intelligenz ein Produkt der Evolution ist, stehen wir jetzt, so GOLEM, vor der Möglichkeit, durch „Psychoingenieurkunst" eine andere Art von Vernunft zu schaffen, wodurch wir über uns hinausgehen werden. GOLEM macht mit diesem „Übergang" ernst. Er verkündet den Menschen, daß seine bisherige Stellung als „der erste unter den Tieren oder über den Tieren" ein Irrtum ist.

Er sagt:

„Ich bin der Künder des nahenden Verhängnisses, der Engel, der gekommen ist, euch aus eurer letzten Zuflucht zu vertreiben, denn was Darwin nicht vollendete, werde ich vollenden. Nur nicht auf engelhafte, das heißt gewaltsame Art, denn nicht das Schwert ist mein Argument" (ibid.: 43).

Vom Menschen sagt er ferner:

„Schließlich ist der Mensch nicht jenes Säugetier, jenes lebendgebärende, zweigeschlechtliche, warmblütige und lungenatmende Wirbeltier, jener *homo faber*, jenes *animal sociale,* das sich anhand des Linnéschen Systems und des Katalogs seiner zivilisatorischen Leistungen einordnen läßt. Der Mensch – das sind vielmehr seine Träume, ist deren verhängnisvolle Spannweite, ist die anhaltende, nicht endende Diskrepanz zwischen Absicht und Tat, kurz, der Hunger nach dem Unendlichen, eine gleichsam konstitutionell vorgegebene Unersättlichkeit ist der Punkt, an dem wir uns berühren" (ibid.: 107).

In ihrer herausragenden Untersuchung über Geschichte und Perspektiven der künstlichen Intelligenz – mit dem bezeichnenden Titel *Machines Who Think* –, die mit einem *Das Schmieden der Götter* betitelten Kapitel abschließt, schreibt Pamela McCorduck: „Wie immer wir das Wort Schmiede auslegen – als einen Ort des Handwerks oder der Nachbildung – wir sind zweifellos dabei, Götter zu schmieden oder nachzubilden ... Wieder einmal müssen wir eingestehen, daß diese Zukunftsbilder schließlich alle unsere eigenen sind und unserem Sehnen nach Transzendenz entspringen. Denn darauf kommt es an. Ob die künstliche Intelligenz wirklich der nächste große Evolutionsschritt ist, oder ob ich eben die Geschichte einer der verschrobensten menschlichen Narreteien, die es je gab, abgeschlossen habe, ist in gewissem Sinn nicht wichtig. Wir leben nur – wir überleben nur – als einzelne und als Spezies, wenn wir über uns selbst hinausgreifen. ... Das Unterfangen ist gottähnlich, mit Recht für die erschreckend, die meinen, die Trennungslinie zwischen Menschen und Göttern sollte undurchlässig sein" (McCorduck 1987: 330–331).

Diese Vorstellung nimmt bei Hans Moravec (1981: 1) eine evolutionstheoretische Gestalt an. Im nächsten Jahrhundert, das Moravec als „*postbiological* or even *supernatural*" bezeichnet, werden Maschinen unsere Komplexität übersteigern, ja „sie werden vielleicht alles transzendieren, was wir heute kennen" („they will mature ... into something transcending everything we know").

Wenn wir uns nach dem Ursprung oder der Ur-Sache der technischen Entwicklung im allgemeinen und der künstlichen Intelligenz insbesondere fragen, dann können wir aus diesen Zeugnissen entnehmen, daß sie nur vordergründig mit Ökonomie, Rationalisierung der Arbeit, Machtpolitik, okzidentaler Rationalismus usw. zu tun haben. Der Ursprung der Technik liegt, wie Jean Brun in Anschluß an Paul Valéry bemerkt, in unseren Träumen. Er schreibt:

„Die Maschinen sind viel eher als die Kinder der Vernunft, die Töchter der Einbildungskraft, der Träume und der Mythen; sie sind viel mehr als technische Werkzeuge: sie sind metaphysische Apparate. Von ihnen erwartet der Mensch mehr als befreiende sozio-ökonomische Rettungsversuche, er erwartet, daß sie ihm das Heil bringen und eine Befreiung, die ihm von ihm selbst und seinen existentiellen Grenzen löst. Aber er erwartet auch seine Einweihung als allmächtiger Schöpfer. Deshalb verehrt er sie. Das Wesen der Maschine liegt darin, für Spenderin von Extase gehalten zu werden, auch in ihren Todeswerken, da man dort notwendige Apokalypsen für den Beginn eines neuen Tagesanbruchs sieht. Kurz, die Maschinen sind die Prothesen des Ich, die das Begehren des Menschen voraussetzen, sich jenseits seines Wesens und seiner Existenz zu entwerfen" (Brun 1985: 4, Übers. v. Verf.).[9]

---

[9] Der Text von P. Valéry (1957, Bd. 1: 1001) lautet: „L'homme est cet animal séparé, ce bizarre être vivant qui s'est opposé à tous les autres, qui s'élève sur tous les autres, par ses ... *songes*, par l'intensité, l'enchaînement, par la diversité de ses *songes*! par leurs effets extraordinaires et qui vont jusqu'à modifier sa nature, et non seulement sa nature, mais encore la nature même qui l'entoure, qu'il essaye infatigablement de soumettre à ses songes."

Unsere Thematik betrifft aber nicht nur die Künstliche-Intelligenz-Träume (vgl. Capurro 1988b: 103–110), sondern auch den Kern der Diskussion bezüglich der Frage, ob Bewußtsein ein von den biologischen Bedingungen unabhängiges Phänomen ist. Die Diskussion um einen schwachen oder starken Funktionalismus zeigt, wie sehr die Interpretation einer Analogie die wissenschaftliche Forschung (irre-)leiten kann. Denn es ist am Beispiel des Computers, daß Hilary Putnam die Differenz zwischen den funktionalen und den physikalischen Eigenschaften verdeutlicht und hieraus Schlüsse bezüglich der Möglichkeit von elektronischen Neuronen zieht; ebenfalls aus der Deutung dieser Analogie schöpft John Searle (1986) seine Argumente gegen den starken Funktionalismus. Inzwischen hat Putnam, wie schon gezeigt, seine funktionalistische These revidiert. Seine Position gleicht der der hermeneutischen Kritik an der künstlichen Intelligenz von Winograd und Flores. Hinter der dualistischen These des starken Funktionalismus verbirgt sich eine neue Alternative, auf die Erhard Oeser und Franz Seitelberger hinweisen, nämlich

„ob man der Meinung ist, daß mentale Eigenschaften und damit auch das Bewußtsein prinzipiell auf verschiedene Weise realisiert werden können, wobei im Extremfall auch eine Realisierung ohne jeden materiellen Träger nicht ausgeschlossen wird ... Diese [verschiedenen Formen des Dualismus] reichen von einer dualen Einheit von materieller Struktur und spezifischer Funktion bis zu einem geradezu gespensterhaften Dualismus einer ‚reinen‘ Funktion, da man zumindest die logische Möglichkeit der Existenz von nichtphysikalischen Realisierungen funktional organisierter abstrakter Systeme annimmt" (Putnam, Fodor) (Oeser/Seitelberger 1988: 32).

Die Rede von einem „gespensterhaften Dualismus" scheint mir hier ganz im Sinne der jetzt zu erörternden mittelalterlichen Engellehre. In diesem Zusammenhang beziehen sich Oeser und Seitelberger auf folgende Passage aus *Alice in Wunderland*:

„Sagtest du ‚Ferkel‘ oder ‚Schnörkel‘"? fragte die Katze.

„‚Ferkel‘, sagte ich", erwiderte Alice; „und übrigens tätest du mir einen großen Gefallen, wenn du weniger plötzlich auftauchen und verschwinden wolltest; man wird ja ganz schwindlich davon."

„Wie du willst", sagte die Katze und verschwand diesmal ganz allmählich, von der Schwanzspitze angefangen bis hinauf zu dem Grinsen, das noch einige Zeit zurückblieb, nachdem alles andere schon verschwunden war.

„So etwas!" dachte Alice; „ich habe schon oft eine Katze ohne Grinsen gesehen, aber ein Grinsen ohne Katze! Das ist doch das Allerseltsamste, was ich je erlebt habe!" (Carroll 1983: 69).

Dieser Witz steckt auch in Lyotards Frage, „ob man ohne Körper denken kann" (Lyotard 1988: 813–329). Die Analogie zwischen dem technologischen Mythos von künstlicher Intelligenz und dem theologischen Mythos von getrennten Intelligenzen liegt auf der Hand.

Wie ernst der Topos der getrennten Intelligenz(en) seitens der Analytischen Philosophie genommen wird, zeigte die Argumentation Gertrud Anscombes beim Eröffnungsvortrag *(Man and Essences)* des 18. Weltkongresses für Philosophie: Da unsere Fähigkeit, mathematische Wesenheiten *(essences)* hervorzubringen, von unserer Fähigkeit, eine Sprache zu lernen, abhängt und ein *regressus ad infinitum* zu vermeiden ist, müssen wir davon ausgehen, daß es „intelligence or intelligences" gibt, welche die Sprache geschaffen haben, ohne sie ihrerseits von einem anderen empfangen zu haben (vgl. Capurro 1989: 74–82).

Im Folgenden werde ich einen Vergleich zwischen dem Begriff von getrennten Intelligenzen – Kant spricht von „Vernunftideen von unsichtbaren Wesen" (Kant 1913, AA V: 314) – und dem von künstlicher Intelligenz ziehen, um die Vernunftidee der Vernunft zu erwecken. Künstliche Intelligenz soll im Sinne einer „*ästhetischen Idee*" aufgefaßt werden. Eine solche Idee ist Sache des Geistes im Sinne von „Witz" oder „esprit" (Kant 1910, AA VII: § 57), wobei Kant zwischen einem „productiven" oder „vergleichenden" und einem „vernünftelnden Witz", „ohne *Geist*" (Kant 1913, AA VII; §, 313) oder ohne Bezug zu Ideen, unterscheidet (Kant 1910, AA VII: § 54). Im Gegensatz zur Urteilskraft, geht es beim Witz darum, „Ähnlichkeiten unter ungleichartigen Dingen aufzufinden" (ibid.: § 55). „Er bedarf nachher", so Kant, „der Urtheilskraft, um das Besondere unter dem Allgemeinen zu bestimmen und das Denkungsvermögen zum *Erkennen* anzuwenden" (Kant 1910, AA VII: § 54). So stellt ein produktiver Witz eine Hypothese dar. Er verspricht dem Verstand neue Einsichten. Dieser, seinerseits, wartet mit Spannung darauf. Der Kant-Verehrer Schopenhauer sieht in Kants reiner Vernunft eine Hypostasierung, so daß Kant bei der Rede von „vernünftigen Wesen" außer an den Menschen „ein wenig an die lieben Engel gedacht" haben mag (Schopenhauer 1986, Bd. 3: 657–658).

Ausgehend von der Hypothese einer *witzigen* Vergleichbarkeit zwischen getrennten Intelligenzen und künstlicher Intelligenz, werde ich diesen Vergleich am Beispiel der thomistischen Engellehre anstellen. Ich wähle dieses Beispiel nicht nur wegen der vollendeten philosophischen Begrifflichkeit, sondern auch, weil hier die durchaus ernste Dimension des Vergleichs zum Ausdruck kommt. Entscheidend für ein adäquates Verstehen der mittelalterlichen Engellehre ist, daß man sie weder mit schwärmerischen oder gar halluzinatorischen Visionen, noch mit mystischen Ekstasen verwechselt, sondern daß man sie in aller Nüchternheit für das nimmt, als was sie sich gibt, als theologische Spekulation auf der Basis der christlichen Offenbarung. Als Gedankenexperiment hat sie für unser Selbstverständnis sicherlich keinen geringeren Wert als manche wissenschaftliche Vermutung.

Ein Grinsen ohne Katze

Hintergrund der mittelalterlichen Engellehre ist der Versuch, die biblischen Engel-Gestalten den reinen oder von den der verderblichen Materie getrennten Intelligenzen *(intelligentiae separatae)* anzugleichen, welche die griechische Philosophie im Sinne von Zweitursachen, die die Naturbewegungen in Gang hielten, annahm.[10] Diese Umdeutung oder Analogisierung stößt aber auf zwei Grenzen: Engel sind keine ewigen göttlichen Intelligenzen, sondern Kreaturen, und sie gehören einer anderen Welt an. Zugleich dürfen wir aber jenen Grund nicht vergessen, den Thomas für die göttliche Schöpfung der Engel angibt, nämlich daß sie für die Vollendung des Universums nötig waren (*ad perfectionem universi requiritur*, *Summa Theologica* I, 50, a.1).

Thomas unterscheidet zwischen den getrennten Substanzen (*substantiae separatae*) und den Seelen der Gestirne (*animae orbium*) oder den intellektuellen Substanzen (*substantiae intellectuales*). Er wendet sich gegen die Emanationstheorie des Avicebron, wonach die intellektuellen Substanzen ewig und schöpferisch sind (Thomas von Aquin 1949). Die Engel lassen sich nicht in Analogie zur Einheit von Leib und Seele beim Menschen als Seele der Gestirne, sondern lediglich als Beweger (*motores remoti* oder *proximi*) auffassen.[11]

Wir können mit Pierre Duhem festhalten, daß in der Frage nach der exakten Natur der himmlischen Beweger und ihrer Beziehung zu den getrennten Substanzen Thomas sich nie endgültig entscheiden konnte. Der thomistische Kompromiß zwischen arabisch-griechischer polytheistischer oder pantheistischer Philosophie und christlicher Schöpfungslehre ist, so Duhem, keineswegs einheitlich.[12] Entscheidend bleibt aber, daß alle getrennten Substanzen nicht durch ein Hervorgehen (*generatio, mutatio*), sondern durch Schöpfung (*productio, creatio*) entstanden. Thomas betont, daß für Aristoteles die mythologische Auffassung der *intelligentiae separatae* als Götter den Sinn eines Durchgangs zum alleinigen höchsten Prinzip hat.[13]

Die getrennten Intelligenzen nehmen eine Mittelstellung zwischen Gott und den körperlichen Kreaturen ein, so wie der Mensch eine Mittelstellung zwischen den körperlichen, aber nicht intelligenten, und den körperlosen intelligenten Wesen einnimmt. Ich möchte diese Mittelstellung mit jener Vorstellung einer von uns geschaffenen höheren Vernunft vergleichen, welche sich in den ausgesprochenen und unausgesprochenen Träumen der künstlichen Intelligenz ankündigt. Ich beschränke mich im folgenden auf einige Aussagen in der *Summa theologica* (ST) des Thomas von Aquin (ST I, 50–65, 106–114). Allein vom Umfang her, stellen diese *Quaestiones* kein Nebenthema dar, sondern sie umrahmen und bestimmen die

---

10 Von entscheidendem Einfluß auf die thomistische Engellehre ist die Deutung des Aristoteles durch die arabischen Philosophen, allen voran Averroes (1126–1198), der die Engel mit den Intelligenzen bzw. Sphärengeister der aristotelischen Kosmologie identifiziert.
11 Vgl. in IIm librum Sententiarum, Dist. XIV, quaest. I, art. III: Utrum motus coeli sit ab intelligentia. Allerdings macht Thomas auf diesen Vergleich außerhalb der Glaubenslehre aufmerksam: Summa Contra Gentiles II, LXX: quod secundum dicta oportet ponere intellectum uniri corpori ut formam. Vgl. auch die Kommentare zu Aristoteles' Phys. VIII und Met. XI und SCG I, XIII.
12 Duhem (o. D., Bd. 5: 558). Vgl. Aubert (1982: 82–106).
13 Thomas v. Aquin: In XII Metaph. 12, n. 2663.

Frage nach dem Menschen *(quaestio de homine)*. Über die thomistische Engellehre bemerken Johann Auer und Joseph Ratzinger:

„Bei Thomas und seinen Anhängern werden die Engel trotz ihrer Geschöpflichkeit, wegen ihrer reinen Geistigkeit, mehr in Analogie zum menschlichen Verständnis vom göttlichen Geist gesehen, bei Scotus und seinen Anhängern ist das Maßbild für das Verständnis der Engel mehr die menschliche Seele" (Auer/Ratzinger 1975: 417).[14]

Karl Rahner hebt deutlich hervor, daß der Hinweis auf die höheren intellektuellen Substanzen *(superiores substantiae intellectuales)* in Kerntexten der thomistischen Erkenntnistheorie „nicht von ungefähr" ist, sondern daß die menschliche Seele als Grenzidee gegenüber der intuitiven Intellektualität der Engel gegenübergestellt wird (Rahner 1957: 256).

Ich stelle den Vergleich zwischen getrennten Intelligenzen und künstlicher Intelligenz unter drei Perspektiven an: Substantialität, Erkenntnis und Wille.

Substantialität

Thomas faßt die getrennten Intelligenzen als körperlose und immaterielle Geschöpfe *(creaturae incorporales et immateriales)* sowie als intellektuelle Substanzen *(substantiae intellectuales)* (ST I, 50 a.2) auf. Die getrennten Substanzen *(substantiae separatae)* bestehen aus einer Wesenheit *(quidditas* oder *essentia)* – das, was sie sind *(quod est)* – und etwas, woraus sie sind – ihr Sein *(esse, ex quo est)*.[15] Aber ihr Unterscheidungsmerkmal ist nicht, wie bei den sonstigen aus (verderblichen) Materie und Form zusammengesetzten Geschöpfen, die *materia,* sondern die *potentia.* Während die *materia* immer einer *forma* bedarf, gilt das nicht umgekehrt. Das Wesen *(essentia)* dieser einfachen Substanzen ist bloß die Form *(forma tantum).*

Demnach gibt es im Falle der getrennten Substanzen kein Prinzip, wodurch Individuen innerhalb einer Art sich unterscheiden *(principium individuationis).* Dennoch sind diese Substanzen nicht alle gleich, da sie nicht reine Aktualität sind, sondern ihr Sein *(esse)* wird von Gott unterschiedlich aktualisiert.

Daß es sich bei diesen Unterscheidungen um eine für die Auffassung des Menschen höchst relevante Reflexion handelt, zeigt sich darin, daß Thomas die menschliche Seele *(anima humana)* als diejenige, welche die letzte Stufe unter den intellektuellen Substanzen innehat *(que tenet ultimum gradum in substantiis intellec-*

---

14 In seiner *Michaelspredigt* entwickelt M. Luther eine streng an die Schrift orientierte Engellehre (vgl. Mann 1979). Durch den zweiten Schmalkaldischen Artikel wurde die Engellehre innerhalb des Protestantismus unterbunden. R. Bultmann hielt im Rahmen seiner Entmythologisierung den Geister- und Dämonenglaube für erledigt und ersetzt durch die Kräfte der Natur. Zur gegenwärtigen evangelischen Engellehre vgl. Westermann (1980).
15 Der Gedanke der Stofflosigkeit lag bereits, so Winklhofer (1958), im 4. Jh. n. Chr. vor. Vgl. Kleineidam (1930).

tualibus) (De ente et essentia, Kap. 4, 179), auffaßt. Die menschliche Seele bildet, mit anderen Worten, eine Ausnahme innerhalb der intellektuellen Substanzen. Nur im Falle der menschlichen Gattung haben wir mit individualisierten Intellekten zu tun, da sie mit dem Körper verbunden ist.[16] Demgegenüber ist jeder Engel seine eigene Gattung (ST I, 50, a.4).

Mit Materialität hängt die Zerstörbarkeit *(corruptio)* zusammen. Da aber einerseits die Seele als geistige Substanz unsterblich ist, sie aber andererseits eine Einheit mit dem Leib bildet, bleibt die *materia* nach dem Tode offen für eine neue *informatio*.[17] Aus dem inneren Zusammenhang zwischen Seele und Leib beim Menschen ergibt sich auch, daß die menschliche Seele nicht dieselbe Form *(species)* wie die des Engels hat. Engel sind keine höheren Menschen oder niedrigen Götter (ST I, 75, a.7).

Wie Duhem (o. D. Bd. 5: 496) bemerkt, bricht Thomas mit dem Aristotelismus und folgt Avicenna, indem er *potentia* ohne *materia* denkt. Denn die Materialität macht die Wesensdifferenz zwischen den endlichen Dingen aus, indem sie das Sein *(esse)* einschränkt oder kontrahiert: je materieller, desto eingeschränkter. Der Unterschied zwischen Wesen *(essentia)* und Dasein *(existentia)* macht das Endliche erst möglich. Notwendig wird das Endliche aber erst, wenn das Materielle hinzukommt. Wenn die getrennten Intelligenzen endlich und immateriell sind, würde ihnen die hinreichende Bedingung ihres Seins fehlen. Sie hätten kein Substrat, worauf sie kontrahieren könnten.

Nach Thomas' Auffassung bestimmt sich aber das Sein der getrennten Intelligenzen durch die *potentia*, sie haben also ihren Grund nicht in sich selbst und nicht durch die *materia*. Der Unterschied endlich/unendlich bildet, so Max Müller (1981: 196–198), die notwendige und hinreichende Bedingung für die Existenz der Engel, während die Materialität die Wesensdiffererenz und die hinreichende Bedingung sonstiger endlicher Wesen darstellt.

Aus der Materielosigkeit ergeben sich die besonderen Bestimmungen des Im-Raum-und-in-der-Zeit-seins der Engel (ST I, 52–53). Im Unterschied zu Gott können Engel nicht gleichzeitig überall sein. Für Thomas, wie für Aristoteles, hängt die Zeit mit dem Maß der Bewegung zusammen, welche im Falle von Körpern immer eine kontinuierliche ist. Da Engel aber körperlos sind, werden sie nicht vom Raum erfaßt *(continetur)*, sondern sie erfassen gewissermaßen den Raum *(ut continens)*. Sie sind nicht an eine kontinuierliche Bewegung gebunden, sondern sie können in einem Augenblick an einem Ort und in einem anderen an einem anderen Ort sein, ohne daß Zeit dazwischen läge (ST I, 53, a.3).

---

16 Vgl. Thomas v. Aquin: De ente et essentia, 5, 55: „Et ideo in talibus substantiis non invenitur multitudo individuorum in una specie, ut dictum est, nisi in anima humana propter corpus cui unitur."
17 Vgl. Duhem (o. D., Bd. 5: 11 ff.). Zum Unterschied zwischen *creatio* und *informatio* vgl. Capurro (1978).

Thomas nennt das Im-Raum-sein der Engel ein definitives *(definitive)* in Abgrenzung zur göttlichen Gleichzeitigkeit *(ubique)* sowie zur körperlichen Einnahme eines Raumes *(circumscriptive)*. Auch wenn sie den Himmel bewegen, sagt Thomas im Hinblick auf Aristoteles, geht der Philosoph nicht davon aus, daß eine einzige *substantia separatae* alle Himmelssphären unmittelbar bewegt, was die Ubiquität voraussetzen würde (ST I, 52 a.2).

Eine Analogie zu dieser materielosen Bestimmung der getrennten Intelligenzen mit Blick auf die auf Hardware basierenden Künstlichen-Intelligenz-Systeme ist nicht unmittelbar möglich, wohl aber die Vorstellung von der Differenz zwischen dem materiellen Substrat und den funktionalen Eigenschaften der Software. Hier stellt sich die oben angesprochene Frage, ob Intelligenz sich in einer anderen Weise vollziehen kann, als wie wir sie kennen.

Rahner (1978a) bejaht die Möglichkeit eines umfassenderen und freieren Weltbezuges im Hinblick auf die getrennten Intelligenzen. Im Falle der künstlichen Intelligenz wären die anthropozentrischen Voraussetzungen unseres Weltbildes abermals in Frage gestellt, ohne die Garantie der Vermeidung unserer Selbstzerstörung. Im Rahmen eines funktionalistischen Dualismus zwischen Hard- und Software könnte man sich außer der schwachen und der starken Variante der künstlichen Intelligenz *(weak* und *strong AI)* eine superstarke künstliche Intelligenz *(hyper strong AI)* vorstellen, deren Eigenschaften nicht weit entfernt wären, von denen der getrennten Intelligenzen.

Hat uns die kaum vorstellbare Überschreitung unserer gewöhnlichen Zeit- und Raumvorstellungen durch die elektronische Datenverarbeitung bereits näher, ich meine analogisch näher, der bisherigen spekulativ-metaphysischen Vorstellungen von getrennten Intelligenzen gebracht, oder bedeutet sie eher eine Verfestigung und Steigerung des technokratischen Anthropozentrismus? Die heutige multimediale Weltvernetzung stellt eine entscheidende Veränderung unseres Im-Raum- und-in-der-Zeit-seins im Sinne eines diskontinuierlichen, entlinearisierten, augenblicklichen „In-der-Welt-seins" dar.

Erkenntnis

Im Unterschied zur göttlichen Erkenntnis ist der Intellekt der Engel nicht zugleich ihr Sein, sondern der tätige Intellekt *(intellectus agens)* nimmt, je nach Rangordnung, am göttlichen Intellekt auf unterschiedliche Weise teil (ST I, 54). Engel bedürfen aber keines potentiellen Intellekts *(intellectus possibilis),* der erst durch eine transeunte, über sich hinaus (zum sinnlichen Gegenstand hin) gehende Handlung aktualisiert wird. Menschliche Erkenntnis ist endlich. Sie bedarf eines äußeren Erleidens. Sie ist teils sinnlich, teils intellektuell.

In sich bleibend, erkennen wiederum die Engel nicht alles schlechthin *(simpliciter),* sondern ihre Unendlichkeit ist immer perspektivisch *(secundum quid)*. Sie erkennen reine intellektuelle Gegenstände *(intellegibilia),* indem sie ihnen gegenüber immer aktuell (in actu) sind. Im Hinblick auf unsere Analogie könnten wir sagen, daß das Wissen ihnen vorprogrammiert ist. Die Vielheit der Formen, die den Engeln von ihrer Natur her innewohnen (*connaturales*), ist wiederum Anzeichen eines Mangels an Universalität oder Anzeichen der Potentialität ihres geschaffenen Intellekts (ST I, 55). Da die menschliche Seele *ein* Kompositum mit dem Leib bildet, kann der Mensch das Wesen der Dinge erst aufgrund eines sinnlichen Prozesses, bei dem die Phantasie eine unerläßliche Vermittlerrolle bei der Erkenntnis der Einzeldinge spielt (ST I, 84, 7), erfassen (vgl. Capurro 1995). Wir können die Formen der Dinge nur durch Sinnlichkeit und Abstraktion erkennen. Der Begriff des leidenden oder potentiellen Intellekts *(intellectus possibilis)* dient Thomas als Grenzbegriff.

Wie erkennen dann Engel Einzeldinge? Thomas vergleicht diese Erkenntnisweise mit der des Astrologen, der *per computationem*, durch Berechnung der himmlischen Körper diese in ihrer Allgemeinheit vorhersagt. Engel können mit einer einzigen Verstandeskraft sowohl das Allgemeine als auch das sich daraus ableitende Viele (*ad plura se extendentem*) erkennen. Sie bedürfen also eines Vorverständnisses, aber im Gegensatz zum menschlichen Intellekt vollzieht sich der Erkenntnisprozeß nicht im Sinne eines transeunten-empirischen Zirkels. Dieses Vorverständnis ermöglicht die Erkenntnis des Zukünftigen, sofern es sich aus Ursachen notwendig ergibt (*ex necessitate*). Die Grenze einer solchen Erkenntnis ist damit vorgezeichnet: was darüber hinaus geht, fällt in den Bereich der Vermutungen *(per conjecturam)*, eine Kunst, die die Engel viel vollkommener beherrschen als die Menschen. Zufälliges *(casualia, fortuita)* bleibt ihnen aber völlig unbekannt (ST I, 57).

Rahner (1957: 256) betont, daß der Hinweis auf die *superiores substantiae intellectuales* in Kerntexten der thomistischen Erkenntnistheorie „nicht von ungefähr" ist, sondern daß die menschliche Seele als Grenzidee gegenüber der intuitiven Intellektualität der Engel gegenübergestellt wird. Die menschliche Seele ist die niedrigste in ihrer Art (ST I, 51, a.1).

Die Art und Weise, wie solche getrennten Intelligenzen miteinander kommunizieren oder sprechen, übersteigt zwar, so Thomas, unsere Vorstellung, sie läßt sich aber erahnen. Der Wille, der die Mitteilung des Begriffs *(conceptus mentis)* von einem Wesen zum anderen einleitet, bedarf im Falle des Menschen einer Aktualisierung des sich im Gedächtnis potentiell Befindenden, des inneren Wortes *(interius verbum)* sowie eines sinnlichen Zeichens *(signum sensibile)*. Letzteres stellt eine Barriere *(obstaculum)* für die zwischenmenschliche Mitteilung dar. Bei den Engeln ist ein solches *conceptus mentis* stets aktuell, so daß sie sich unmittelbar und ohne sinnliche Barriere gegenseitig sofort *(statim)* offenbaren können. Bei den Engeln ist die Mitteilung deshalb nicht äußerlich *(locutio exterior)*, sondern innerlich *(interior)* (ST I, 107, a.1).

Schließlich ist zu bemerken, daß – so wie im Falle ihres spezifischen Im-Raum- und-in-der-Zeit-seins auch in bezug auf die Erkenntnis – die Engel nur in einem gewissen Sinne über die Zeit *(supra tempus)* sind, nämlich wenn man damit die Messung der Zeit anhand der Bewegung körperlicher Dinge meint. Sie vollziehen aber ihre Erkenntnisakte nacheinander *(secundum successionem intelligibilium conceptionum)*. Sie brauchen also Zeit, um zu verstehen (ST I, 57, a.3). Während wir aber eines Diskurses bedürfen, um Auskunft über die Wahrheit zu gewinnen, genügen den Engeln die Prinzipien, um unmittelbar die Schlußfolgerungen zu erkennen.

Künstliche-Intelligenz-Systeme sind regelgeleitete Systeme, die die Diskursivität menschlichen Verstehens simulieren. Ob es eine Tages intelligente Computer geben kann, hängt, wie Hubert Dreyfus (1985: 15) bemerkt, davon ab, ob „die Forscher ihre Idee aufgeben, nach einer zeichenhaften Darstellung der Welt zu suchen, und sich statt dessen an einem neutralnetzartigen Modell des menschlichen Gehirns orientieren".

Die Versuche, die Welt durch Modelle formal zu repräsentieren, liefern uns die Karikatur oder die Parodie einer situationsunabhängigen Erkenntnis. In Wahrheit sind Künstliche-Intelligenz-Systeme bisher nicht in der Lage, ganzheitlich und situationsgerecht zu erkennen. Da aber Computer bestimmte formale Erkenntnisfähigkeiten des Menschen – Quantität und Genauigkeit von gespeicherten Daten, Geschwindigkeit ihrer Verarbeitung und Übertragung – in kaum vorstellbarem Maße übersteigen, ist auch plausibel, warum die Vorstellung von höheren künstlichen Intelligenzen in unserer technischen Zivilisation jene Stelle eines übermenschlichen Signifikanten einnimmt, die in anderen Kulturen durch theologische Mythen besetzt war.

Aber auch für eine unsere Intelligenz überragende künstliche Intelligenz bliebe die Erkenntnis des Zukünftigen von der Kenntnis der Ursachen *(ex necessitate)* abhängig. Jenseits davon liegt das Chaos der *casualia* und *fortuita*.

Wille

Thomas unterscheidet zwischen der Hinwendung zum Guten bei Wesen ohne oder mit Erkenntnis und bei den Letzteren, ob diese das Gute durch die Vermittlung des sinnlichen Strebens *(appetitus sensitivus)* oder durch die Erkenntnis des Grundes des Guten erreichen (ST I, 59–60). Letzteres kann wiederum intuitiv *(intuitu)*, wie bei den Engeln, oder diskursiv *(discurrendo)*, wie bei den Menschen, sein.

Zusammen mit ihrer Natur ist ihnen eine natürliche Liebe *(dilectio naturalis)* vorgegeben, so wie in unserer Natur zugleich der Wunsch nach Glückseligkeit eingepflanzt wurde. Sie ist in beiden Fällen das Prinzip der Liebeswahl *(dilectio electiva)*, die nicht nur nach *(sicut)* einem Ziel handelt, sondern dieses Ziel auch will *(propter)* (ST I, 60, a.2). Da der Wille sich nach den Dingen selbst und nicht nach ihrer Erkenntnis richtet, gibt es sowohl beim Menschen als auch beim Engel eine natürliche und eine freie Liebeswahl *(dilectio naturalis* und *dilectio electiva)*. Bei den Engeln ist die *dilectio naturalis* das Prinzip der Liebeswahl. Dabei erlangen sie die Glückseligkeit kraft der eigenen Natur, sofern es sich nicht um die übernatürliche Glückseligkeit handelt (ST I, 62, a.1).

Das menschliche Begehren nimmt demgegenüber eine Stellung zwischen Natur und Geist ein, denn der Mensch begehrt einerseits, was unter ihm ist, andererseits aber strebt er über sich hinaus. Auf die Frage, ob es Lust *(delectatio)* beim Begehren unseres Verstandes gibt (ST I, II, 31, a.4), antwortet Thomas, daß dies nicht der Fall zu sein scheint, da die Lust zu jenem gehört, was wir mit den Tieren teilen. Dieser naturalistischen Auffassung der Lust setzt er aber entgegen, daß die Lust in uns nicht nur bei dem ist, was wir mit den Tieren, sondern auch bei dem, was wir mit den Engeln teilen (*quod in nobis non solum est delectatio, in qua communicamus cum brutis, sed etiam in qua communicamus cum angelis*). Mit anderen Worten, die Lust gehört nicht nur zu unserem sinnlichen *(appetitus sensitivus)*, sondern auch zu unserem intellektuellen Begehren *(appetitus intellectivus)*. Die Erfüllung dieses intellektuellen Begehrens nennt Thomas Glückseligkeit *(gaudium)*.

Obwohl Thomas die Glückseligkeit des Menschen in der Betrachtung Gottes oder des Wahren als das eigentliche Objekt *(objectum proprium)* unseres Intellekts betont, stellt er die Betrachtung der Engel durch den Menschen auf eine höhere Stufe als die der spekulativen Wissenschaften. Die Engel erleuchten uns als Dienende, sie helfen uns *(tamquam minister)* auf dem Weg zum Ursprung (ST I, IIae, a.7). Außer diesem irdischen Dienst vollziehen die Engel einen kosmischen Dienst (ST I, 63, a.7 und 103, a.6). Die verschiedenen Engelshierarchien entsprechen dann den Seinsstufen *(ordines)*. Von der biblischen Vorstellung ausgehend, werden dann die getrennten Intelligenzen nicht mehr als Beweger *(motores)*, sondern als Helfer gedeutet, die die Schöpfung zum freien Rückgang zu Gott verhelfen. Damit wird auch die Frage nach dem Zusammenhang zwischen Naturdeterminismus und menschlicher Freiheit beantwortet (vgl. Aubert 1982).

Hier klafft unsere Analogie sehr weit auseinander, und sie kehrt sich in das Gegenteil um, zumal wenn wir an die mögliche Überwachungsfunktion von Künstlichen-Intelligenz-Systemen über soziale Systeme denken. Die in diesem Zusammenhang gestellte Frage, ob Computersysteme moralisch verantwortlich gemacht werden können (vgl. Lenk 1989: 248–255), verweist dennoch auf die Willensdimension, die sich aber in eine rein technokratische Verwaltungsfunktion auflöst. Die Kehrseite gewissermaßen der Überwachungsfunktion ist jene weltweite Computervernetzung, die sowohl durch ihre Unsichtbarkeit (und Unübersichtlichkeit!) als auch durch ihre medial-dienende Funktion eine höhere, dem Ganzen dienende Fähigkeit erahnen läßt. Man kann auch sagen, daß die Vielfalt und Verschiedenartigkeit der Mediensphäre eine, wie Vattimo (1990: 55) bemerkt, Karikatur des Hegelschen absoluten Geistes darstellt.

So wie wir das vorindustrielle Zeitalter mit dem Herkules-Mythos und das industrielle Zeitalter mit dem Prometheus-Mythos verbinden, so können wir auch, Michel Serres (1993) folgend, das Informationszeitalter mit dem Mythos der Engel oder mit dem Hermes-Mythos kennzeichnen. Im GOLEM-Mythos erreichen

Substantialität, Erkenntnis und Wille einer uns überragenden künstlichen Intelligenz sogar kosmische und göttliche Dimensionen. Ein solcher Mythos stellt eine technische Versinnbildlichung der als göttlich gedachten getrennten Intelligenzen dar.

Die Verantwortbarkeit des Denkens

Der hier angestellte Vergleich gibt Anlaß zu einem ernsten und zu einem heiteren Nachdenken. Der Mensch erfährt sich sowohl in metaphysischen als auch in technologischen Kategorien *in confinio,* als Grenzwesen zwischen Tier und getrennten Intelligenzen oder künstlicher Intelligenz. Insofern erweckt dieser Vergleich in einer neuen technologischen Weise die Vernunftidee der Vernunft. Künstliche Intelligenz als ein Vehikel oder eine Hülle für eine moralisch-praktische Idee? Die Identität, aber auch die Differenz zwischen dem philosophischen, dem theologischen und dem technologischen Diskurs liegen auf der Hand.

Der Mensch kann seine eigene Entstehungsgeschichte in das unermeßliche Werden eines vermutlich sich selbst transzendierenden Kosmos einordnen. Es ist nicht ausgemacht, warum der Kosmos gerade zur Enstehung menschlicher Subjektivität gedient haben soll. Bei Wahrung der Differenz wäre auch dann die Frage zu stellen, welche Funktion der Mensch von seinem künstlich-künstlerischen Wesen her in diesem Prozeß erfüllen kann, ohne sich selbst aufzugeben. Denn der Mensch, indem er sich selbst nicht nur geistig, sondern auch biologisch zu verändern vermag *(homo faber sui ipsius),* kann seine Natürlichkeit weder völlig verlassen, noch kann er sich als reine Künstlichkeit verwirklichen.[18] Dieses Weder–Noch (weder Tier noch Engel) markiert seine Grenze.

In der Gestalt technologischer Lust *(delectatio)* begehrt unsere Vernunft zugleich eine beglückende, aber letztlich nicht künstlich herstellbare Dimension *(gaudium).* Der Mensch bleibt aber, um mit Günther Anders (1980) zu sprechen, ethisch „antiquiert", wenn er die technische Veränderung seiner Seele und seines Leibes mit dem diese Veränderung bedingenden Streben zur Grenzüberschreitung identifiziert. Künstliche Intelligenz ist ein Ausdruck dieses Strebens. Dabei kann aber der technologische Traum vielleicht etwas von der Lächerlichkeit seines Anspruches lernen. Und damit wären wir beim heiteren Nachdenken.

Wie im Falle jener trakischen Magd, die, wie Platon erzählt (Theat. 174 a–b), den in den Himmel schauenden und deshalb in den Brunnen fallenden Philosophen (Thales, Sokrates) auslacht, könnte menschliches Lachen – wovon in Paul Valérys Geschichte vom staunenden Engel die Rede war – den Träumer künstlicher Intel-

---

18 Zur Frage der Selbstmanipulation vgl. Rahner (1966: 45–69).

ligenz in die Lebenswelt der Leiblichkeit und Faktizität zurückrufen (vgl. Blumenberg 1987). Gegenüber dem Anspruch der reinen Theorie dürfte die Vorstellung von der Herstellung einer höheren Intelligenz ein noch größeres Gelächter bei der trakischen Magd hervorrufen, da der Sinnbezug der Intelligenz zur Lebenswelt eines endlichen Wesens sich in sein Gegenteil umzukehren vermag. Dies kann zum Beispiel zu einer Abwertung menschlicher Unwissenheit – von der natürlichen Dummheit bis zur *docta ignorantia* – sowie letztlich, wie bei Moravec, zu einer Abwertung des Menschseins überhaupt führen. Künstliche Intelligenz: eine bisher unbekannte Form des Irrsinns?

Der Verstand, der mit großer Erwartung auf die Erweiterung seines Horizontes gehofft hat, merkt das Spiel oder den Witz in bezug auf die grundverschiedene Seinsweise der Sachverhalte: Getrennte Intelligenzen und künstliche Intelligenz sollen unter dem *einen* Begriff von getrennten Intelligenzen fallen, obwohl sie in Wahrheit *zwei* nicht miteinander vergleichbaren Ursacheprinzipien (Gott und den Menschen) haben. Ein solcher Widersinn muß „ein lebhaftes, erschütterndes Lachen" erregen, denn das Lachen ist, so Kant, „ein Affect aus der plötzlichen Verwandlung einer gespannten Erwartung in nichts" (Kant 1913, AA V: § 54 Anm., 225). Aber das ist ja gerade der Witz bei der Sache, dem Verstand Stoff zu geben, um seine Begriffe allgemein zu machen, ohne ihm aber die Arbeit der Einschränkung abzunehmen. Vielleicht ist dieses Lachen, wodurch das Gefühl der Lebenskraft durch die Bewegung des Zwerchfells gestärkt wird (Kant 1910, AA VII: § 76), eine heilsame Form, über Möglichkeiten und Grenzen der künstlichen Intelligenz nachzudenken. Unser Vergleich zeigt, daß unsere Träume von höheren künstlichen Intelligenzen sehr viel von den Träumen eines Geistersehers haben – erläutert durch Träume der Technik (vgl. Kant 1910, AA II).

In einer vom Verein Deutscher Ingenieure (VDI) herausgegebenen Studie zu Leitvorstellungen und Verantwortbarkeit von künstlicher Intelligenz heißt es in bezug auf ein über 30 Jahre hinaus extrapoliertes Stadium:

„Maschinen sind nur noch teilweise determiniert. Sie können Situationen, mit denen sie konfrontiert sind, absichtsvoll verbessern und umgestalten, indem sie aus sich selbst als Reaktion auf die Einwirkung der Umwelt intelligentes Verhalten zeigen. Wenn die Erforschung chaotischer Systeme und der Strukturbildung zu verwertbaren Ergebnissen führt, könnten solche Maschinen Spontaneität, Zielstrebigkeit, Kreativität und Sensibilität besitzen. Szenarien, die sich hierzu in der gegenwärtigen Literatur befinden, betreffen autonome mobile selbstlernende Systeme, *künstliches Leben* als Paradigma und als kühne Perspektive Moravec' *genetic takeover*" (VDI 1993: 157–158).

Als „denkbare Entwicklungen in der Lebenswelt" stellt die Studie zunächst fest, daß die künstliche Intelligenz „ebensowenig als *reine KI* auftreten [wird] wie menschlicher Geist als *reiner Geist* in Erscheinung tritt" (VDI 1993: 162). Künstliche Intelligenz im Sinne einer höheren von der Endlichkeit befreiten Intelligenz ist ein Mythos. Statt dessen lautet die Frage: Wie wird sich künstliche Intelligenz in die

Lebenswelt integrieren? Wie wird sie die Lebenswelt verändern? Gegenüber den Prognosen von Vilem Flusser, (1987: 123), der die Menschheit an einer Wende „radikaler als die Achsenzeit Jaspers" sieht, nimmt die VDI-Studie einen skeptischen Abstand, denn die „KI ist kein Fluidum, das über eine mehr oder weniger wehrlose Sozialgemeinschaft ausgegossen wird" (VDI 1993: 163). Eher ist sie mit Baudrillard (1989b) der Ansicht, daß durch den Einfluß der Medien dem Menschen das Denken und die Freiheit zugunsten einer rein geistig-elektronischen Tele-Existenz im Computerverbund abgehen, im scheinbaren Besitz des totalen Wissens und als Erzeuger von virtuellen Kunstwelten. Man kann sich kaum eine bessere Parodie vom Mythos der getrennten Intelligenzen vorstellen!

Eine durchaus ernstgemeinte Prognose, wonach „der Computer die Rolle eines Generators von Wirklichkeit" übernimmt, und „Realität quasi ‚erzeugt aus reiner Vernunft' (Flusser), ohne materielle Gestalt anzunehmen" (VDI 1993: 165), rückt wiederum einige Dimensionen des theologischen Mythos näher, technologisch näher. Die Gefahr des Autismus und des Realitätsverlusts – sozusagen der Kehrseite einer getrennten Intelligenz – wird dabei nicht verschwiegen. Der Ruf nach einer Technik „nach menschlichem Maß" führt schließlich zur Frage nach individuellen und sozialen Praktiken der Selbstgestaltung und somit zu dem, was es heißen kann, Mensch zu sein und zu leben im Informationszeitalter. Gegenüber den Spekulationen und Träumen eines Moravec bezüglich der Übertragung des menschlichen Geistes auf Computer und somit die Abkopplung vom Körper wird einerseits an der „Vorrangstellung" des Menschen als „dominierende Spezies" festgehalten, während aber andererseits die Ausweitung von ethischen Dimensionen auf Maschinen, die „humane Fähigkeiten simulieren können", als denkbar erscheint (VDI 1993: 169). Es ist aber dabei die Frage, worin jene Vorrangstellung des Menschen gründet, ob sie von bestimmten geistigen Qualitäten abhängt, oder ob erst eine *ekzentrische* Sicht des Menschen, die ihm und das von ihm Herstellbare um eine offene und *abgründige* Mitte kreisen läßt, den Herausforderungen der künstlichen Intelligenz eher gewachsen sein kann.

Eine solche dezentrierende, den Menschen nicht aufgebende, aber ihm auch nicht bloß versichernde Sicht vertreten zum Beispiel Hans Jonas (1984) und Gilbert Hottois (1984). Mit seinem *Prinzip Verantwortung* stellt Jonas die herkömmliche Ethik der Pflichten und der Einzelverantwortung in Frage. Jonas denkt an eine Gesamt- oder Kollektivverantwortung für die Folgen unseres technischen Handelns, die auf die Zukunft hin gerichtet ist, im Gegensatz zur Betonung der Gegenwart in der herkömmlichen Ethik, und sich auf die gesamte Natur, im Gegensatz zum Anthropozentrismus, erstreckt. Der *homo faber* braucht nach Jonas ein verschärftes kritisches Bewußtsein gegenüber utopischen Zielen. Vorsicht ist angesagt sowie das (Neu-)Erlernen von Furcht und Sorge. Jonas' Ethik gründet auf einer Ontologie des Vergänglichen. Hottois sieht die technische Entwicklung als eine Infragestellung unseres logischen, instrumentellen und theoretischen Anthropozentrismus. Die Technik wird von einem nicht-ethischen Prinzip (Alles ist möglich) geleitet, demgegenüber auf der einen Seite Vorsicht, auf der anderen Seite eine ethische Option für die Menschheit zu gelten haben.

Dieser Option für die Menschheit widmet sich Weizenbaums Kritik der künstlichen Intelligenz. Denn es gibt Aufgaben, so Weizenbaum im Vorwort seines berühmten Buches *Die Macht der Computer und die Ohnmacht der Vernunft*, „zu deren Lösung keine Computer eingesetzt werden *sollten*, ungeachtet der Frage, ob sie zu deren Lösung eingesetzt werden *können*."[19] Weizenbaums Kritik des Intelligenzbegriffs der künstlichen Intelligentsia zielt vor allem daraufhin zu zeigen, daß die Rede von *der* Intelligenz, die unabhängig von jedem Bezugssystem (Individuum, Familie, Kultur usw.) darstellbar (und meßbar) wäre, sinnlos ist. Der Intelligenzbegriff wird ferner von anderen menschlichen Fähigkeiten isoliert, was im Falle einer rückwirkenden Deutung auf den Menschen zu verkehrten Schlußfolgerungen führt.

Weizenbaum hält die Frage, was Computer jemals werden leisten können oder nicht, für eine fruchtlose Übung (vgl. Dreyfus 1985; Dreyfus/Dreyfus 1986). In Wirklichkeit handelt es sich darum zu zeigen, daß die menschliche (individuelle und gattungsmäßige) Sozialisation ganz anders verläuft als im Falle eines sozialisierten Computers. Dementsprechend werden menschliche Probleme oder Angelegenheiten, da der Begriff Problem vorbelastet ist, für den Computer stets fremd bleiben. Die Analogie zwischen der menschlichen und der Computer-Intelligenz trifft nur in einem äußerst schwachen Sinne zu. Dasselbe gilt für die Rede vom informationsverarbeitenden System. Menschliches Denken schließt Eingebungen, Ahnungen sowie unsystematische und ganzheitliche Modalitäten ein, die zu einer intuitiven oder metaphorischen Auffassung der Wirklichkeit führen. Die Konstruktion einer Maschine nach dem Bild des Menschen, die aber ausschließlich mit logisch-rationalen Mitteln arbeitet, wird deshalb niemals das tiefe Verständnis besitzen, um jenen Rest von Geheimnis aufzuspüren, der in jedem Wort, in jedem Ausdruck eines mit allen biologischen, psychologischen, sozialen und kulturellen Bedingtheiten reifenden menschlichen Lebens steckt. Diese meistens unbewußt bleibende Schicht ist dem Computer absolut fremd, und dementsprechend fordert Weizenbaum, daß Computer gerade bei jenen Entscheidungen nicht eingesetzt werden *sollten*, die *Klugheit* erfordern. Damit ist vor allem die meistens unthematisch bleibende Kenntnis des Wertkontextes, worin zum Beispiel juristische, psychiatrische und politische Urteile eingebettet sind, gemeint. Weil wir so wenig von der menschlichen Intelligenz, auch und gerade auf der biologischen Ebene, wissen, ist bei der Computeranalogie größte Vorsicht geboten.

Wenn Weizenbaum die technologische Mystifizierung von Begriffen wie Sprache, Verstehen, Intelligenz, Denken usw. in Zusammenhang mit dem Computer zu entlarven versucht, dann mit der Absicht, nicht die Vernunft an sich, sondern „den

---

19 Weizenbaum (1978: 10). Vgl. Capurro (1987: 259–273).

Imperialismus der instrumentellen Vernunft", den Anthropozentrismus also, zu bekämpfen. Kein Wunder, daß einige MIT-Kollegen Weizenbaum Obskurantismus vorwarfen! Es ist erneut paradox, daß eine humanistische Verteidigung des Menschen eine offenere und *ek-zentrische* Sicht als die vordergründige Relativierung des Menschseins durch die technokratische Maske darstellt. Freilich kann der Humanismus ebenfalls zur Maske des ausbeutenden Menschen dienen, wie McCorduck (1987: 304) gegenüber Weizenbaum geltend macht.

Wir sind stets auf der Suche nach einem uns versichernden Grund in uns selbst, in der Technik oder in der Natur. Erst dann, wenn wir uns durch unscheinbare und stille Praktiken der maß-gebenden und abgründigen Dimension des Existierens öffnen, können wir die Spannung zwischen Humanismus, Technizismus und Naturalismus aushalten, ohne die *offene Weite* zu verschleiern. Wir müssen uns mit anderen Worten im *Satz vom Ab-Grund* einüben.[20] Wenn Maschinen Traumprodukte sind, dann ist der Traum von künstlichen höheren Intelligenzen unser Schöpfer-Traum(a). Es ist der Traum, die offene und endliche „Lichtung" (Heidegger) in der wir sind, von ihren Schatten zu befreien, sie aufklärerisch zu überwinden.[21] Der Traum von künstlichen höheren Intelligenzen ist der Traum von einer von Inkonsistenzen befreiten Intelligenz, von einem Ding – *la Chose,* wovon Lacan spricht –, das die radikale Lücke unseres Begehrens durch technische Ein-Bildung ausfüllen wird.[22] Dieser Traum ist ein Sympton. Die Gegenfigur einer Superintelligenz ist Sokrates, jener Vermittler-*daimon* des Platonischen *Symposions,* der sich durchlässig macht, um die auf ihn gerichtete Liebe des Geliebten (des *eromenos*) in die eines Liebenden *(erastes)* umzukehren (vgl. Lacan 1991). Lacans *Spreng-Sätze* durchbrechen, ähnlich wie bei Lévinas, die genügsame Totalität des symbolischen und imaginären Logos, seiner Sinnstiftungen, Verständigungsphantasien und Rationalitätsmythen.[23] Es gilt Francisco Goyas Spruch aus den *Caprichos*: „Der Traum/Schlaf [*sueño*] der Vernunft erzeugt Ungeheuer."

Nach diesem techno-theologischen Höhenrausch kehren wir ernüchtert, den Anfang dieser Reflexionen wiederaufnehmend, auf die Lebenswelt zurück.

---

20 Vgl. Heidegger (1971), Capurro (1993b).
21 Vgl. Capurro (1991f: 257–267). Zu „überwinden" und „verwinden" bei Heidegger vgl. Vattimo (1990).
22 Vgl. Lacan (1986, 1975). Zu Lacan und Heidegger vgl. Juranville (1984). Zu Foucault und Lacan vgl. Rajchman (1991).
23 Vgl. Lévinas (1987). Zu Lacan und Lévinas vgl. Gondek (1992: 43–78).

Siebtes Kapitel

Genealogie der Information

Weisen der Mitteilung in Antike und Mittelalter

Mit Information meinen wir im Alltag ein Phänomen unseres zwischenmenschlichen Existierens, nämlich das der Mitteilung von Bedeutungsgehalten in einer gemeinsam mitgeteilten Welt. Dieses Phänomen läßt eine Vielfalt von konkreten Praktiken zu, die ich im Anschluß an Foucaults genealogischer Methode exemplarisch analysieren werde. Foucaults Genealogie der sexuellen Verhaltensweisen zielt zum Beispiel darauf hin aufzuzeigen, wie das Phänomen der Sexualität aufgrund von verschiedenen Machtmechanismen institutioneller und diskursiver Art bestimmt wurde (Foucault 1990: 35–54). Ziel einer genealogischen Analyse ist, den kontingenten Charakter solcher scheinbar im menschlichen Sein eingeschriebenen Praktiken nachzuweisen, so daß wir aus dieser Kenntnis die Einsicht in unser Anderseinkönnen gewinnen.

Ein *neues Europa,* so der rumänische Kulturhistoriker Andrei Plesu, das klar erkenntlich das Prestige des *alten und ewigen* Europa in sich trägt, ist ein Projekt, über das nachzudenken sich lohnt. Ich stelle mir ein neues Europa vor, dessen Haltung zu sich selbst gleich wäre jener des Angelus Novus von Walter Benjamin gegenüber der Geschichte: Dieser neue Engel fliegt mit schwindelerregender Geschwindigkeit in Richtung Zukunft, doch mit dem Rücken voran, so daß seine Augen alle Zeiten, die ganze Geschichte der Menschheit überblicken. Denn nur eine Vergangenheit, die stets ganz präsent ist, ist eine fruchtbare Vergangenheit, die einzige vitale Substanz für jede Erneuerung.[1]

Dieses neue Europa steht stellvertretend für die Möglichkeit eines anderen Umgangs der Weltgemeinschaft mit ihrer Vergangenheit als die Vorstellung eines unablässigen geschichtlichen Fortschritts, der jetzt in der GOLEM-Galaxis gipfeln würde. Diese Lektüre wäre paradoxerweise ihrem eigenen Selbstverständnis von Vernetzung, Pluralität und Entlinearisierung höchst unangemessen. Nicht das Geschichtsmodell der Fortschrittlichkeit, sondern das der, um mit Heidegger zu sprechen, Ereignishaftigkeit ist unserem Informationszeitalter angemessen, da wir mit

---

1 Plesu in seiner Rede anläßlich des New-Europe-Preises zur Förderung der Forschung im Osten (DIE ZEIT, 19. 11. 1993).

einer Vielfalt von Boten und Botschaften zu tun haben, die sich nicht linear strukturieren.

Es wäre ein Mißverständnis, wollte man hierin ein Plädoyer für eine regressive Sicht sehen. In Wahrheit handelt es sich um die Frage, inwiefern unser Zeitalter die Kraft hat, sich nicht durch eine scheinbar auf sich führende Geschichte zu legitimieren. Die Möglichkeit einer rückwärts gewandten Offenheit, die die Vergangenheit als Anlaß nicht für die Legitimierung, sondern für die Infragestellung der Gegenwart nimmt, kommt in Benjamins Thesen *Über den Begriff der Geschichte*, worauf sich Plesu bezieht, so zum Ausdruck:

„Es gibt ein Bild von Klee, das Angelus Novus heißt. Ein Engel ist darauf dargestellt, der aussieht, als wäre er im Begriff, sich von etwas zu entfernen, worauf er starrt. Seine Augen sind aufgerissen, sein Mund steht offen und seine Flügel sind ausgespannt. Der Engel der Geschichte muß so aussehen. Er hat das Antlitz der Vergangenheit zugewendet. Wo eine Kette von Begebenheiten vor *uns* erscheint, da sieht *er* eine einzige Katastrophe, die unablässig Trümmer auf Trümmer häuft und sie ihm vor die Füße schleudert. Er möchte wohl verweilen, die Toten wecken und das Zerschlagene zusammenfügen. Aber ein Sturm weht vom Paradiese her, der sich in seinen Flügeln verfangen hat und so stark ist, daß der Engel sie nicht mehr schließen kann. Dieser Sturm treibt ihn unaufhaltsam in die Zukunft, der er den Rücken kehrt, während der Trümmerhaufen vor ihm zum Himmel wächst. Das, was wir den Fortschritt nennen, ist *dieser* Sturm" (Benjamin 1991: 697–698).[2]

Unsere gewöhnliche lineare Sicht ist die der Sieger, die nur das zulassen, was den Eindruck eines auf sie gerichtet notwendigen Fortschritts macht, um sich so eine Legitimierung zu verschaffen (These IX). Die andere Sicht, die des *Angelus Novus,* bedeutet die Infragestellung eines solchen *fortschrittlichen* Geschichtsbegriffs. An dessen Stelle tritt die Möglichkeit, eine „mit Jetztzeit geladene Vergangenheit" aus dem Kontinuum der Geschichte „herauszusprengen" (These XIV). Wenn sich unser Zeitalter, sich selbst widersprechend, als Gipfel des technischen Fortschritts versteht und bestimmte Mitteilungsstrukturen verfestigt, dann ist die Zeit für den „Tigersprung ins Vergangene" (These XIV) gekommen, um die fortschrittliche Sicht und die sie legitimierende Macht in Frage zu stellen.

Der Blick des *Angelus Novus* in den Trümmerhaufen der Geschichte, der genealogische Blick, ist notwendig, um die GOLEM-Galaxis nicht zu verabsolutieren, sondern sie bereits bei ihrem Anfang so abzuschwächen, daß ihre Verblendungen und Auslassungen im Kontext anderer Mitteilungspraktiken zum Vorschein kom-

---

2 Dem Text ist folgendes Zitat vorangestellt:
„Mein Flügel ist zum Schwung bereit
ich kehrte gern zurück
denn blieb' ich auch lebendige Zeit
ich hätte wenig Glück.
Gerhard Scholem, Gruß vom Angelus"

men. Man kann auch sagen, daß der Blick in verwandte „Sprachspiele" (Wittgenstein) und Begriffsfamilien des gegenwärtigen Informationsbegriffs, in anderen Mitteilungspraktiken und Lebensformen, uns lehren kann, was und wer wir heute als Mitteilungsfähige und Mitteilungsbedürftige (fast nicht mehr) sind und (anders) sein können. Die erzählerisch-genealogische Methode erfüllt den Zweck einer schwachen oder rhetorischen Begründung im Hinblick auf eine Zukunft, die sich uns aus dem Blickpunkt einer rückwärtsgewandten Offenheit in der Form eines stetigen Scheiterns und neu Anfangen-Könnens zeigt.

In verkürzter Form läßt sich vorweg sagen, daß die dichterische Gestaltung des Mitteilungsprozesses eine Abschwächung der Machtstrukturen des Mythos bedeutete, so wie wiederum die Geburt der Philosophie in der athenischen Agora zu einer Infragestellung des mythisch-dichterischen Botschaftsbegriffs *(angelia)* führte, indem die heteronome Dimension dieses Mitteilungsmodus – die Verkündung der göttlichen Weisheit *(sophia)* durch die Vorstellung einer autonomen Erkenntnissuche *(philosophia)* –, wenn nicht ersetzt, doch zumindest verdrängt wurde. Die Herrschaft des philosophischen *logos* mit ihren spezifischen Machtstrukturen trat an.

Die christliche Botschaft bedeutete wiederum eine erneute Verstärkung des heteronomen Mitteilungsmodus, der erst in der Neuzeit auf der Basis der Autonomie der Subjektivität und des vor ihr vorgestellten zensurfreien Raums des freien, wissenschaftlichen Mitteilens auf der Basis des gedruckten Wortes in Frage gestellt wurde. Dieser Raum ist heute nicht mehr primär durch das gedruckte Wort, sondern durch die elektronische Vernetzung multimedial gestaltet. Die ihn bestimmenden Machtstrukturen sind vorwiegend wirtschaftlicher Natur. Der Sinn des dichterisch-philosophischen Mitteilens und die neuzeitliche Idee der Denk- und Mitteilungsfreiheit als jeweils unterschiedliche menschenformende Kräfte scheinen, wie wir sahen, in der rastlosen Informationszirkulation beinah aufgelöst zu sein. Um die Kontingenz und somit Veränderbarkeit der heutigen Machtstrukturen wahrzunehmen, brauchen wir, so meine These, den Blick in die Genealogie der Information.

Die jetzt zu erörternden Kontexte, in denen sich zwischenmenschliches Mitteilen ausformt, nämlich der mythisch-dichterische, der philosophische, der christliche und der informationstechnische, sollten aber nicht in das lineare Schema einer fortschreitenden Entwicklung hinein konstruiert, sondern als wechselnde Spannungsfelder menschlicher Selbstgestaltungsmöglichkeiten aufgefaßt werden. Das Sichtbarwerden von verschütteten Möglichkeiten soll uns die scheinbar selbstverständliche Dominanz der heutigen Machtstrukturen in Frage stellen lassen.

Im fünften Buch seiner Schrift Über das höchste Gut und das größte Übel *(De finibus bonorum et malorum)* schreibt Cicero, daß uns „ein so starker Drang nach Wissen und Erkenntnis *(cognitionis amor et scientiae)* angeboren" ist, daß unsere Natur dabei von einem Vorteil gelockt sein muß (Cicero 1989, De fin. 5, 48). Weder die Kinder lassen sich von diesem Drang durch Schläge abhalten noch die Wissenshungrigen durch Sorgen und Mühe.

Wie sehr Wissen und Erkenntnis die Menschen in ihren Bann schlagen, zeigt uns, so Cicero, Homer in seiner Geschichte über die Gesänge der Sirenen, die „den Vorüberfahrenden gewöhnlich nicht durch den Wohlklang ihrer Stimmen oder eine gewisse Neuartigkeit und Mannigfaltigkeit ihres Gesangs zurückrief en, sondern weil sie erklärten, daß sie vieles wüßten, so daß die Menschen sich vor Lernbegierde *(discendi cupiditate)* von ihren Felsen nicht lösen konnten. So lockten die Sirenen ja den Odysseus" (ibid: De fin. 5, 49). Sie sangen:

„Komm, besungner Odysseus, du grosser Ruhm der Achaier,
Lenke dein Schiff ans Land und horche unsere Stimme,
Denn hier steuerte noch keiner im schwarzen Schiffe vorüber,
Eh' er dem süssen Gesang' aus unserem Munde gelauschet;
Und dann ging er von hinnen, vergnügt und weiser wie vormals.
Uns ist alles bekannt, was ihr Argeier und Troer
Durch der Götter Verhängnis in Trojas Fluren geduldet:
Alles, was irgend geschieht auf der lebenschenkenden Erde!" (Od. 12, 189 ff.)

Während aber, so Cicero, der Wunsch, alles zu wissen *(omnia quidem scire)*, ein Zeichen der bloß Neugierigen *(curiosorum)* ist, zeichnen sich die großen Männer *(summorum virorum)* (Archimedes, Aristophanes, Pythagoras, Platon, Demokrit) durch den Drang nach wissenschaftlicher Erkenntnis *(cupiditatem scientiae)* aus. Sie trachten, bedeutendere Dinge *(maiorum rerum)* zu erkennen, die um ihrer selbst willen erstrebt werden, „weil sie das Herz erfreuen, ohne daß ein Nutzen winkt" (De fin. 5, 50). Im Gegensatz zu den alten Philosophen sehen wir aber, daß Erkenntnis nicht nur Ziel eines sorgenfreien Lebens auf den Inseln der Seligen ist, sondern daß für den zur Tätigkeit geborenen Menschen *(nos ad agendum esse natos*, De fin. 5, 58) die Erkenntnis zugleich immer zur Linderung des Unglücks *(levamentum miseriarum*, De fin. 5, 53) dient.

Hier liegt für uns Menschen die Quelle jenes rätselhaften Vorteils bei der Suche von Erkenntnis, der aber vom Sirenengesang ins Gegenteil gedreht wird, indem sie eine Allwissenheit im Sinne der Erfüllung der bloßen allgemeinen Neugier verkünden, so daß die Menschen der Verabsolutierung ihrer Lernbegierde verfallen und sogar die Heimat und die konkrete Lebensorientierung aufgeben, anstatt das Wissen zur Pflege des Lebens insgesamt *(vitae cultum)* und des eigenen Geistes insbesondere *(animi cultus)* als Nahrung für eine menschliche Gesittung *(humanitatis cibus)* zu nutzen (De fin. 5, 53–54).

In Fortführung dieses Gedankenguts und in kritischer Distanz zur Verabsolutierung des Lustprinzips im Epikuräismus und zur Herabsetzung der äußerlichen Werte in der Stoa, gilt für Cicero in Anschluß an die platonisch-aristotelische Tradition, daß das Ziel oder die Vollendung *(finis)* der menschlichen Natur unter Einbeziehung aller Ebenen menschlichen Handelns anzustreben ist, beginnend mit den Bedürfnissen des Leibes über die geistigen Bindungen an Familie und Freundschaft bis hin zu den politischen Tugenden, die schließlich alle Menschen umfaßen, „da wir ja wollen, daß es eine einzige Gemeinschaft von Menschen gibt" (De fin. 5, 68). Dabei stellen die Tugenden (Klugheit, Selbstbeherrschung, Tapferkeit und Gerechtigkeit) im Sinne von einzuübenden moralischen Verhaltensweisen zwar die ranghöchsten Tätigkeiten dar, sie sollten aber nicht isoliert von den anderen Gütern aufgefaßt werden. Man kann sagen, daß Cicero die philosophische Mitteilungsform als eine menschenformende oder informierende Tätigkeit auffaßt (vgl. Capurro 1978: 80–93). Während der Gesang der Sirenen dem Menschen eine scheinbare Erfüllung seiner Wesensart verspricht, bedarf die Lernbegierde *(discendi cupiditas)* einer Orientierung, und zwar am menschlichen Leben insgesamt, an all seinen Verhältnissen und Dimensionen. Das Gute erkennen wir nicht sogleich nach der Geburt, denn die Natur ist

„von Anfang an seltsam verborgen *(oculta natura est)* und läßt sich nicht durchschauen und erkennen. Mit zunehmendem Alter aber erkennen wir allmählich oder besser zögernd gleichsam uns selbst" (De fin. 5, 41).

Der Drang nach Wissen und Erkenntnis, die Neugier, ist uns angeboren, was sie aber bedeutet, bleibt vor ihrer Kultivierung dunkel und der Verführung ausgesetzt.

Wie wichtig die persönlichen schriftlichen Mitteilungen in dieser Hinsicht für Cicero waren, zeigt seine lebendige Korrespondenz. Sie dient der Mitteilung von Gefühlen, der Pflege der Freundschaft, der Ausarbeitung seiner Gedanken, der gemeinsamen Besprechung und Beurteilung des Tagesgeschehens, der gegenseitigen Ermahnung usw. Wie schwierig aber zugleich die konkrete Gestaltung persönlicher Mitteilungen im Rahmen eines oligarchischen politischen Systems war, kommt zum Beispiel in der folgenden Warnung an den Bruder Quintus zum Ausdruck:

„... daß Du nicht irgendwelchen Briefen etwas anvertraust, was uns, falls es an die Öffentlichkeit gelangte, Ärger bringen könnte. Es gibt viele Dinge, die ich lieber nicht wissen will, wenn die Information mit einiger Gefahr verbunden ist" (Cicero 1993: III, 6, 2).

Im Original *(multa sunt quae ego nescire malo quam cum aliquo periculo fieri certior)* entspricht Information die (sichere) Kenntnis, aber auch das Erfahren durch Berichte anderer *(nuntiare)*.[3] In einem anderen Brief heißt es:

„Wie sehr ich indes wünsche, daß Du beim Schreiben vorsichtig bist *(cautum esse)*, magst Du daraus ersehen, daß ich Dir nicht einmal von den Vorfällen berichte, die im Staat ganz offen große Unruhe stiften. Falls sie abgefangen werden *(litterae interceptae)*, sollen meine Briefe bei niemandem Anstoß erregen können."[4]

---

3 Cicero (1993: II, 4, 5), wo es heißt: „Dieselben Leute sollen auch berichten („nuntiare"), Du wolltest bei der erstmöglichen Fahrgelegenheit übersetzen."
4 Cicero (1993: III, 7, 3). Wie man aus dem Nachwort des Übersetzers (U. Blank-Sangmeister) erfahren kann, schrieb Cicero seine Briefe (meistens selbst) mit Tinte und Schreibrohr auf Papier. Sie wurden mit einem Bändchen zugebunden und gesiegelt. Befördert wurden sie durch eigene Sklaven, Freigelassene, Kuriere, Beauftragte oder auch durch Freunde. Sie waren manchmal mehr als vierzig Tage unterwegs, gingen verloren und/oder kamen in falsche Hände.

In einem ihm zugeschriebenen Brief, der aber eher ein Traktat über die Provinzverwaltung ist und für die Öffentlichkeit konzipiert war, nennt Cicero „die Informierung des Adressaten, über Dinge, die ihm unbekannt sind" als briefspezifisch *(epistulae proprium)*.[5] Wie man aber aus seiner brieflichen Mitteilungspraxis entnehmen kann, steht dieser Zweck neben vielen anderen Formen der Mitteilung und wird im Hinblick auf die politischen Machtverhältnisse „vorsichtig" eingeschränkt.

Ciceros Schrift *De finibus bonorum et malorum* und insbesondere das fünfte Buch, dessen Handlung sich im Athen des Jahres 79 v. Chr. abspielt und an der Cicero, sein Bruder Quintus, der Vetter Lucius und die Freunde Atticus und Piso teilnehmen, sollte zur geistigen Formung des jungen Lucius dienen. In Wahrheit zielt Cicero auf die Formung des römischen Bürgers. Zugleich wurden Ciceros Schriften – die älteste erhaltene *De finibus*-Handschrift stammt aus dem 11. Jahrhundert – durch die Vermittlung des Augustinus und der Kirchenväter zum Wegbereiter des Humanismus.[6]

Ciceros Deutung der Homerischen Sirenensage stellt die Kehrseite des Homerischen Gesangs selbst dar. Homers Dichtung bildet einen Anfang abendländischer Menschenformung und bezeugt, zusammen mit den dichterischen Sagen anderer Völker, daß, wie der österreichische Germanist und Dichter Rudolf Fahrner (1994: 49) betont, menschliches Leben gedeiht durch die Bilder, die es selbst hervorbringt. Er schreibt:

„Sage ist alle Überlieferung eines Geschehens in der *Sprache*. Ursprüngliche Sage aber ist Bildschöpfung und damit Dichtung. Dichtung hinwider ist geformter Sprachlaut für ein äußeres oder inneres Ereignis, ist Lebensgebilde in der Sprache. Dem entspricht, daß bei fast allen Völkern die Dichter als die ersten Historiker hervortreten: von den Liebesepen der Nomaden Asiens bis zu Homer, vom Gilgameschepos bis zu den Gesängen der Skopen und Barden in den germanischen und keltischen Königshallen bis zum Oghuzname bei den Türken und bis zum Königsbuch Firdausis."

Der Sirenengesang ist insofern grundtäuschend, als er eine deutungsfreie und sichere Erkenntnis dessen, was der Mensch in all seinen weltlich-geschichtlichen Bindungen ist, verspricht, während in Wahrheit das Wirkliche durch den dichterischen Vorgang der Interpretation vorgestaltet wird. Es ist dieser Vorgang, wodurch die Offenheit menschlichen Lebens eine mögliche Gestalt annimmt, der mit dem Begriff Mitteilung und mit dem aus seinen antiken Wurzeln hervorgegangenen Begriff Information bezeichnet werden kann. Denn, so Fahrner, auch der „nüchternste Historiker" übt beim Mitteilen eine solche verwandelnde Tätigkeit aus. „Wie ferne ist uns das alles", betont Fahrner (1994: 150), und gerade deshalb, möchte ich hinzufügen, kann eine genealogische Analyse, wodurch die Brüche und die Kontinuität

---

5 Cicero (1993: I, 1, 37): „illud, quod est epistulae proprium, ut is ad quem scribitur de iis rebus quas ignorat certior fiat, praetermittendum esse non puto."
6 Vgl. die Einleitung von H. Merklin zu Ciceros *De finibus* (Cicero 1989).

in der Ausformung des Mitteilungsphänomens zum Vorschein kommen, uns einen Einblick verschaffen in das, was wir heute sind.

Denn es ist nicht nur so, daß seit der Neuzeit die menschenformende Kraft der dichterischen Mitteilung in den inneren Bereich der Fantasie verdrängt wurde, sondern es ist inzwischen so, daß Sinn und Vielfalt der Mitteilungsmodi paradoxerweise in unsere durch Mitteilung sich auszeichnende Informationsgesellschaft verschüttet sind. Die Medien verbreiten ihren Sirenengesang und versprechen uns Allwissenheit. Der mediennahe ist zugleich der dichtungs- und denkferne Mensch. Diese medienkritische Sicht hat aber zunächst einen sozusagen neutralen phänomenologischen Sinn, nämlich uns sehen zu lassen, welche Mitteilungsweise heute vorherrscht. Das bedeutet die Infragestellung einer einfachen Linearität bei der Untersuchung der Genealogie der Information.

Dabei müssen wir aber bedenken, daß das mit dem Wort Information angesprochene Phänomen der zwischenmenschlichen Mitteilung sowohl das heteronome Moment der In-Kenntnis-Setzung als auch das autonome Moment des Sich-informierens umfaßt. Die Spannung dieser beiden Momente kommt begrifflich und kulturgeschichtlich in der griechischen Antike so zum Ausdruck, daß die mythisch-dichterische Mitteilung den Vorgang des Verkündens *(angello)*, während die philosophische Mitteilung den des Erkennens *(gignosko)* oder des kritischen Prüfens und (Sich-)Fragens hervorheben. Das Gemeinsame dieser beiden Mitteilungsformen ist aber ihr menschenbildender Charakter.

Wenn man nach antiken Entsprechungen unseres Informationsbegriffs sucht, sollte man dieses Spannungsfeld nicht außer acht lassen, denn, so meine These, erst aus dem Vorverständnis des Kontextes, in dem der *angelia*-Begriff eingebettet ist, läßt sich auch die Eigenart der philosophischen Mitteilung verstehen, wodurch wir wiederum mit dem in der Neuzeit entstehenden Terminus Information an unsere Gegenwart anknüpfen.

Der Begriff des Verkündens hat eine eminente Bedeutung in der frühen klassischen Dichtung Griechenlands. Bereits im ersten Gesang der Odyssee taucht die Frage auf, ob Athene, die in der Gestalt eines Hausfreundes (Mentor) erschienen war, dem Telemachos Botschaft *(angelien)* von seines Vaters Rückkehr gebracht hat. Telemachos will dieser Botschaft aber scheinbar nicht mehr Glauben schenken, er will sie also nicht mehr im Sinne einer Weissagung deuten (Od. 1, 409, 414–15). Als der Herold *(kerux)* am nächsten Tag zur Versammlung ruft, erklärt Telemachos, daß er keine Botschaft *(angelien)* von einem nahenden Kriegsheer zu verkünden hat, sondern über seinen Schmerz sprechen will. Die Freier sind wiederum verärgert, weil Penelope sie mit Botschaften *(angelias)* tröstet, im Herzen aber anders denkt (Od. 2, 92). *Angelia* ist aber auch jene Botschaft, die der Herold über die mörderischen Absichten der Freier gegenüber Telemachos der Penelope überbringt (Od. 4, 679). Im fünften Gesang schließlich schickt Zeus Hermes, seinen Boten *(angelos)* – in der Ilias ist Iris die Götterbotin –, um Kalypso seinen Entschluß oder sein Wort (mythos) untrüglich zu verkünden (Od. 5, 29–30, 98). Das

Verkünden enthält hier das Moment der göttlichen Anordnung. Aus diesen wenigen Hinweisen ist auch zu entnehmen, daß die Handlung des In-Kenntnis-Setzens eine sakrale ist, ja daß sie sogar in einem göttlichen Boten personifiziert ist.

Auch bei Pindar treffen wir *angelia* an zentraler Stelle der dichterischen Handlung. Der Dichter wird von den Horen, den Göttinen des Wachsens, Reifens und Blühens, nach Olympia gesandt, um Zeuge *(martyr)* des Kampfes und Sieges zu werden: Über die süße Botschaft *(angelian glykeian)* des geglückten Sieges freuen sich die Edlen (Olymp. IV, 5). *Angelia,* die Göttin der Botschaft, Hermes' Tochter, bringt die Siegeskunde dem Vater und dem Onkel des Alkimedon (Olymp. VIII, 81–82). Schließlich ist die Ode selbst die Botschaft, die der Dichter die „liebe Stadt entflammend", „ein mutig Roß an Schnelle, ein geflügelt Schiff" übertreffend, überall hinsendet, wie die Blüten der den Frohsinn bringenden Chariten. Das Senden *dieser* Botschaft steht nicht jedermann zu, sondern das Lied bedarf einer *schicksalsberufenen* Hand (Olymp. IX, 21–29). Mit anderen Worten, Pindars Oden und Homers Dichtung verstehen sich als eine besondere Form des Mitteilens, nämlich eine dankende, preisende und begeisternde. Die göttliche Handlung des Verkündens mit ihrer schicksalsbestimmenden Macht geht in die des Dichters teilweise über.

Diese Hinweise auf den Begriff *angelia* im mythisch-dichterischen Kontext der griechischen Antike bleiben wesentlich unvollständig, ohne zumindest auf die Rolle und Bedeutung des Phänomens der Mitteilung als Verkünden in der Tragödie hinzuweisen. Ich erinnere zunächst an den Wächter zu Beginn von Aischylos' *Agamemnon,* der in der Nacht im Königspalast zu Argos auf die Siegesnachricht oder die Sage *(phatin, baxin)* von der Eroberung Trojas wartet, bis er sie schließlich verkünden kann *(semaino)* (Agam. 9–10, 26). Die Rolle des Boten *(angelos)* ist zwar unscheinbar, nimmt aber seine Schlüsselstellung im Geschehensablauf der griechischen Tragödie. Auf ihn wartet ungeduldig der Chor der Persischen Fürsten zu Beginn der Perser. Zum Schluß von Sophokles' *Ödipus auf Kolonos* bringt eine göttliche Heroldstimme dem Ödipus die Kunde *(angellousi)* von seinem bevorstehenden Tode (Öd. Kol. 1511). Die Kenntnis seiner künftigen Grabesstätte, das Bewußtsein von der Sterblichkeit des Menschen, soll wiederum das Land besser schützen als das stärkste Heer. In Euripides' *Iphigenie bei den Taurern* will die über die wahre Identität ihres bei den Taurern gestrandeten Bruders Orestes unwissende Iphigenie diesen einen Brief schicken, so daß durch diese Botschaft *(angeleilai)* sie gerettet werden kann (Iphig. Taur. 582). Der Bote soll Orestes' Freund Pylades sein. Um im Falle eines Versinkens des Schiffes sicherzugehen, will Iphigenie, daß Pylades über den Inhalt des Briefes Bescheid weiß, denn wenn „du am Leben bleibst, so lebt dann auch mein Wort" (Iphig. Taur. 765). Durch diese in Anwesenheit von Orestes erfolgte Mitteilung, kommt es zu einer komödienhaften Szene, in der Pylades den soeben in Empfang genommenen Brief dem Orestes weitergibt.

Das Phänomen der ankündigenden Mitteilung in der griechischen Antike weist durchaus profane und alltägliche Dimensionen auf. Es gehört, wie die Tragödien-

Beispiele ebenfalls zeigen, in den politisch-militärischen Kontext, wie im Falle der Ankündigung von Sieg oder Niederlage. Ein gutes Beispiel dafür ist jener in sprichwörtlicher lakonischer Kürze verfaßte Brief der von Alkibiades besiegten Spartaner, die an die Ephoren folgendes meldeten: „Flotte vernichtet. Mindaraos tot. Mannschaften hungern. Wir wissen nicht, was tun" (Plutarch o. D.: 110).

Schließlich will das dichterische Werk selbst als Gesamtmitteilung eine menschenbildende, an höheren Bestimmungen orientierte Wirkung erzielen. Die Dichtung nimmt die Macht des Mythos auf und stellt sie zumindest teilweise in die Verfügung des Dichters. Eine genauere Analyse müßte aber die unterschiedliche Abschwächung des Mythischen von Homer über Pindar bis Euripides aufzeigen, während ich jetzt das Gemeinsame, nämlich die menschenbildende Funktion hervorhebe. Diese geht wiederum in verwandelter Form unter Abschwächung der schicksalsbestimmenden Rolle des Dichters in die philosophischen Schulen und deren Mitteilungswege oder Methoden über, wobei aber eine ausschlaggebende Veränderung stattfindet: der Vorgang des Verkündens einer göttlichen Weisheit *(mythos, sophia)* kehrt sich in den der Erkenntnissuche *(philosophia)* um. Diese Umkehrung vollzieht sich aber nicht bei allen philosophischen Schulen in gleicher Weise, und sie vollzieht sich auch mit unterschiedlicher Stärke. In Ciceros *De finis* finden wir ein Beispiel für die gemeinsame Suche nach menschenbildender Erkenntnis in einem Vorgang der gegenseitigen Mitteilung, wobei die Autorität bestimmter philosophischer Lehren, deren Verkündungscharakter also, geprüft, kritisiert und letztlich auch hingenommen wird. Man kann sagen, daß mit der Entstehung der Philosophie die *angelia* im Sinne eines herrschaftlichen Mitteilens oder eines Verkündens durch die Suche nach Erkenntnis *(gignoskein)* verdrängt oder zumindest abgeschwächt wird. Während die verkündende Botschaft sich im rhythmischen Gesang *(aeido)* der Dichtung vollzog, ist jetzt der gemeinsam mit(anderen)-geteilte vorwiegend prosaische *logos* das Medium der nach Erkenntnis strebenden Mitteilung.

Übergänge finden wir aber zum Beispiel in Parmenides' philosophisch-dichterischer Mitteilung *(mythos)*. Der Terminus *angelia* kommt im Parmenides' Gedicht (Diels/Kranz 1956, Frag. 1) nicht vor. Im Fragment 2 heißt es: „Wohlan, ich will dir sagen *(ereo)*, doch du nimm dich an des Wortes *(mython)*, das du hörst" (Diels/Kranz 1956, Frag. 2, 7). Die Göttin unterscheidet *(krisis)* zwischen den vielen *logoi* und dem einen *mythos* (Diels/Kranz 1956, Frag. 8, 1), und sie gibt Anleitung für den „Weg des Suchens" (Diels/Kranz 1956, Frag. 6, 3).

Bei Heraklit spielt der Logos-Begriff wiederum eine zentrale(re) Rolle (Diels/Kranz 1956, Frag. 50). Der philosophische Mitteilungsmodus nimmt mit unterschiedlicher Akzentuierung einen horizontalen dia-logischen Charakter an, behält aber bisweilen auch die doktrinäre vertikale Form der Verkündung, so wie umgekehrt die dichterische Mitteilung einen offeneren Gestaltungsraum schafft als manche philosophische Lehre. Dementsprechend verändert sich auch der Charakter des Wettstreits *(agon)*, der nicht mehr das Preisen und Rühmen, sondern die Wahrheitssuche zum Ziel hat.

Zu Beginn des Dialogs *Ion* läßt Platon Sokrates sagen: „Soll doch der Rhapsode den Hörern ein verständiger Überbringer *(hermenea)* des dichterischen Gedanken *(dianoias)* werden, eine Aufgabe, die er unmöglich lösen kann, wenn er nicht weiß *(me gignoskonta)*, was der Dichter meint *(legei)*" (Ion 530 c). Sokrates gesteht dem Homer-Rhapsoden Ion eine göttliche Kraft *(theia dynamis,* Ion 533 d) zu, die sich der Harmonie und dem Rhythmus überläßt und zu begeistern vermag. Der Rhapsode hat aber keine Kenntnis *(techne)*, weder über die Dichtung insgesamt noch über die Sachverhalte selbst. Der Gott selbst redet *(legon)*, er gießt sein Wort herab oder läßt es herabhängen *(katechiomenoi)* durch den Dichter. Dieser ist sein Dolmetscher, der, wie Hermes, eine Botschaft überbringt *(hermenes)* (Ion 534 d–e), so wie wiederum der Rhapsode der Dolmetscher des Dichters ist.

Dabei bedient sich Platon mehrmals des Vergleichs des Gottes mit einem Magneten, der die eisernen Ringe nicht nur herabhängen läßt, sondern ihnen auch die Kraft gibt, einander zu hängen, wodurch die lösende Kraft des philosophisch-dialogischen Mitteilungsmodus hervorgehoben wird. Sowenig wie Homer ein Fachkundiger ist, sowenig ist es sein Rhapsode. Beide stehen unter göttlicher Fügung *(theia moira)* und sind in dieser Hinsicht nicht anders als die Wahrsager und die Orakelsänger, die, wie Sokrates in der *Apologie* sagt, „reden viel Schönes, wissen aber nichts, von dem, was sie reden" (Apol. 22 c), wobei aber für Sokrates auch die Politiker und die Handwerker sich über die Grenzen ihres Wissens nicht bewußt sind.

Nicht nur ein geistiger, sondern auch ein geographischer Ortswechsel findet durch den philosophischen Mitteilungsmodus statt: nicht mehr die großen Kriegsschauplätze und Königspaläste, auch nicht die dichterischen Wettkämpfe zum Beispiel in Epidauros, sondern die Agora und die Palästra, später aber die Akademie. Die platonische Philosophie mit ihrem Anspruch auf wahre Menschenbildung, so wie sie eindrucksvoll im Höhlengleichnis dargestellt ist (Polit. VII), hat ihre Wurzeln in der mythisch-dichterischen Sage, vermittelt aber den religiösen Pathos mit dem logisch-agonistischen Gespräch, während sie den dichterischen Mitteilungsmodus nur innerhalb bestimmter Schranken zuläßt. Der platonische Stadtgründer erläßt Richtlinien für die dichterische Mitteilung vor allem sofern diese, das Göttliche betreffend, *den* Wahrheitshorizont menschlichen Lebens abbilden soll (Polit. II und Nomoi II).

Die Macht des Mythos, die teilweise in die des Dichters übergegangen war, geht jetzt in den philosophischen Logos über, der sich aber bei Platon, und in abgewandelter Form auch bei Aristoteles, dem Maß des durch den informierenden *logos* sich schließlich enthüllenden Göttlichen unterstellt. Das Wesen der philosophischen Mitteilung ist, wie wir im zweiten Kapitel sahen, keine bloße theoretische Lehre, sondern eine Lebensform, die mit bestimmten Einrichtungen, Ritualen, Pflichten und Techniken zusammenhängt, womit sich ein neues Machtgefüge konstituiert. Sie alle bilden den Rahmen, innerhalb dessen sich eine bestimmte menschliche Lebensgestalt entfaltet, die eben anders ist als die, die sich im mythischen und im mythisch-dichterischen Rahmen bildete. Beide Formen folgen aber nicht einfach einander, die eine die andere ablösend, sondern koexistieren in einem Spannungsverhältnis, von dem sie auch ihr Selbstverständnis schöpfen und erneuern, und wodurch sie sich auch gegenseitig befruchten. So lebt der platonische Dialog (noch) vom mythischen Pathos der Oralität und von der Lebendigkeit des dichterischen Vortrags sowie von der Einsicht in die Notwendigkeit eines je eigenen Erkenntnisvollzugs, um, wie im Falle mythischer Handlungen, die plötzliche und unmittelbare Begegnung mit dem Unsagbaren *(arrheton)* zu vollziehen (vgl. Szlezák 1985).

Was die Mitteilungspraxis anbelangt, steht Aristoteles nicht mehr innerhalb der platonischen Voreingenommenheit gegenüber der Schrift. Er weiß zwischen esoterischen, für die Schule geschriebenen, und exoterischen, sich an die Allgemeinheit wendenden schriftlichen Mitteilungen zu unterscheiden, während Platon im *Phaidros* und im *7. Brief* seine Skepsis gegenüber der Schrift bekundet und, wie die Tübinger-Schule vermutet, eine ungeschriebene Lehre hinterläßt. Die Rhetorik als Kunst der Mitteilung erlangt mit Aristoteles den Rang einer autonomen Wissenschaft. Mit seiner offeneren Einstellung gegenüber der Medialität des Wissens und der Rolle der Künste in der *polis* (Politik VIII) steht uns Aristoteles näher als die Platonische Einordnung unter den Bedingungen eines zwar nicht erreichbaren, aber doch nachzuahmenden *mythos* des göttlich-idealen Stadt-Staates (Nomoi 713 a), deren Wächterin die Nemesis, die Botin *(angelos)* der Gerechtigkeit, ist (Nomoi 717 d). Diese läßt nicht zu, daß, wie bei den Dichtern, mit unterschiedlichen Maßstäben gemessen wird, da diese „auf dem Dreifuß der Muse sitzend", „wie eine Quelle" alles hervorsprudeln und das Wahre, das richtige Maß, nicht einzuhalten vermögen (Nomoi 719 c–e).

Die Vorstellung einer weltweit vernetzten Platonischen Höhle bietet uns aber ihrerseits ein ziemlich adäquates Bild unseres Informationszeitalters. Man denke an jene Dimension von Realitätsverlust in unseren vernetzten *télécités,* die Virilio (1989) so treffend beschreibt. Die metaphysischen „Höhlenausgänge" (Blumenberg) der platonischen Philosophie sehen denen der virtuellen Hyperrealität erstaunlich ähnlich!

Das logisch-agonistische Gespräch entfaltet sich als Mitteilungsmodus, bis es jeden festen Orientierungsrahmen aufgibt, um sich dem Recht des Stärkeren, wie bei einigen Sophisten, auszuliefern oder seiner Verspottung, wie bei den Kynikern, zu widmen (vgl. Colli 1990). Die Figur des Sokrates bietet ein Beispiel lebendiger Mitteilung, die sich im kleinen, aber offenen Kreis entfaltet und in der die Sache des Menschen nicht von vornherein den in der *polis* kursierenden *logoi* kritiklos unterstellt wird, sondern diese auf ihre jeweilige Richtigkeit und Grenze prüft, mit dem Ziel, ein gutes Leben *(eu zen)* zu führen. Aus der Übung in dieser Mitteilungsform wächst ein *ethos,* eine Lebensform, die sich letztlich mit dem Einsatz des eigenen Lebens bewährt (vgl. Martens 1992). Zugleich ist nicht zu vergessen, daß Sokrates, bei aller Skepsis auch und gerade gegenüber dem Mythos, nicht frei von einem religiösen Sendungsbewußtsein ist, das aufgrund seiner Radikalität von seinen Richtern ins Gegenteil gewendet werden konnte.

Jeweils anders ist das Leben und die sie prägende Mitteilungspraxis in anderen philosophischen Schulen bis hin zu den Kynikern und der sie vorausgehenden alten Komödie, die die Kunst der Redefreiheit *(parrhesia)* als individuelle Ausdrucksform kultivieren, ein Ausdruck, der Jacob Burckhardt als „ein abenteuerlich böses Maul" treffend übersetzt.[7]

„Damit wird", so Heinrich Niehues-Pröbsting (1979: 176), „als eine Art literarischen terminus technicus schon in der Antike die Erlaubnis der alten Komödie bezeichnet, frei und unzensiert Anstößiges auszusprechen, vornehmlich aber, über Politiker und Regierende – worunter bei Aristophanes in der Personifikation des Demos auch das Volk zählt – uneingeschränkt zu schimpfen und sie durch Spott und Witz der Lächerlichkeit preiszugeben; im weiteren Sinne gehörte dazu auch die offene Pornographie."

Beide Mitteilungsfreiheiten wurden gegen Ende des 5. Jahrhunderts, sowohl politisch als auch philosophisch, wie bei Platon, eingeschränkt. Dabei sollte man aber die positive menschenformende Funktion der kynischen Parrhesie nicht herabsetzen, die Nihues-Pröbsting mit dem folgenden Zitat aus Marc Aurels *Wege zu sich selbst* (XI, 6) belegt:

„Nach der Tragödie aber wurde die alte Komödie eingeführt. Sie zeigte erzieherische Redefreiheit und erinnerte nicht unnütz gerade durch die offene Sprache an Bescheidenheit. Zu derartigem Zweck nahm auch Diogenes diese Dinge auf."

Sowohl die Komödie als auch der Kynismus stellten eine philosophische Kritik der „etablierten" Philosophie und ihrer Mitteilungspraxis dar.

Der lebenspraktische Impuls der antiken philosophischen Schulen, für die Inhalt und Form der Mitteilung stets eine menschenformende Einheit bildeten, geht mit dem Ende der Antike und dem Aufkommen des Christentums allmählich in die von der christlichen Botschaft geprägten Lebensformen über. Die Philosophie wird zur akademischen Disziplin, zur Magd der Theologie *(ancilla theologiae).*[8] Die sakrale Bedeutung des *angelia*-Begriffs geht in die christliche frohe Botschaft über. Dabei gibt das *Theologische Wörterbuch zum Neuen Testament* zu bedenken, daß die Bedeutung der Freude im semitischen Botschaftsbegriff (im Stamm *bsr*) enthalten ist, während im Griechischen schon bei Homer (Od. 14, 152 ff.) für die Handlung des Etwas-Erfreuliches-Meldens ein Kompositum *(euangelion)* gebildet werden mußte, wodurch die Siegesbotschaft angezeigt wurde.[9] Wir finden im vor-

---

7 Burckhardt (1962: 264). Zitat nach Niehues-Pröbsting (1979: 176).
8 Ich stimme deshalb, wie schon oben erwähnt, mit Hadot überein, daß der Verlust der lebensformenden Funktion der Philosophie bereits im Mittelalter – und nicht erst mit Descartes wie Foucault meint – begonnen hat. Vgl. Hadot (1991: 180–181).
9 Kittel (1953: 705), aus dem ich die folgenden Hinweise zum *euangelion*-Begriff übernehme. Vgl. auch dort die Stichworte *angelia* und *apostello*.

christlichen *euangelion*-Begriff eine politische sowie eine private Dimension zum Beispiel bei der Ankündigung der Geburt eines Menschen. Die politische Dimension kommt vor allem im Kaiserkult zum Ausdruck. Dem Kaiser kommt die Macht der Rettung *(soteria)* und des glücklichen Zufalls *(eutychia)* zu, Bestimmungen, die sonst den Göttern eigen sind. Zur Anordnung seiner Botschaften erläßt er heilige Schriften, die Nachricht von seiner Geburt und seiner Thronbesteigung sind gute Nachrichten: „Den vielen Botschaften setzt das Neue Testament das *eine* Evangelium entgegen, den vielen Thronbesteigungen die *eine* Proklamation der basileia tou theou" (Kittel 1953: 722).

Die herrschaftliche und göttliche Verkündung geht in die Verkündigung der Offenbarung über. Die dichterischen und die philosophischen Mitteilungen haben einen anderen Charakter als der messianische Anspruch des Evangeliums. Die Begegnung von Philosophie und christlicher Offenbarung führt zur Dogmatisierung des Mitgeteilten, die frohe Botschaft wird *sacra doctrina*. Der philosophische *logos*, der bereits schon in vielen philosophischen Schulen einen göttlichen Rang hatte und an der Stelle der mythisch-dichterischen *angelia* getreten war, wird als der Gott der Offenbarung umgedeutet, als *die* frohe Botschaft. Es ist aber zu bedenken, daß, obwohl die zur Wissenschaft erhobene Offenbarungstheologie sich den philosophischen Mitteilungsbegriff aneignete und ihn der frohen Botschaft unterstellte, eine Fülle von Mitteilungsmodi und Lebensformen aus dem Christentum hervorgingen, die, wie im Falle des Rittertums, durch den Einfluß der freien dichterischen Gestaltung einen transkulturellen Dialog mit dem Islam ermöglichten (vgl. Fahrner 1994).

Der amerikanische Informationswissenschaftler Jorge Schement (1992: 175) fragt sich, warum in der Judas-Passage, wo es um die Angabe des Verratszeichens geht, nicht von *logos* die Rede ist (Math. 26, 14–48). Schement meint, daß, obwohl in der Koiné das Wort *logos* der Sache entsprechen würde, die wir heute Information nennen, dieses Wort zu nah dem wäre, was es im Neuen Testament bedeutete, nämlich Christus selbst. Ebensowenig paßt in diesem Zusammenhang der Begriff *angelia*. Der verwendete Ausdruck lautet: ein Zeichen geben *(edoken autois semeion)*, wobei dann *semeion* als eine bestimmte Form des Bezuges, nämlich durch die Vermittlung einer leiblichen Handlung, zu einem Bedeutungsgehalt, zu einer Idee – die des Jesus als des gesuchten Verbrechers –, zu verstehen ist. Schement vermutet mit Recht, daß das Lateinische *informare* – nicht wie er sagt „perhaps", sondern ganz sicher – „to form an idea of, or even to describe" bedeutet. Insofern Ideen, von der neuzeitlichen Subjektivität her gesehen, einen objektiven Charakter haben, ist auch erklärlich, daß Information heute ein dinghafter Charakter zugesprochen werden kann, was letztlich zu der Vorstellung von deren Speicherung, Bearbeitung, Weitergabe usw. führt.

Das Erbe der Aufklärung

Mit der Aufklärung rückt erneut die Frage nach der Autonomie der Wissensermittlung und -vermittlung in den Mittelpunkt einer sich vom christlichen Sendungsbegriff emanzipierenden Vernunft. In dieser Hinsicht stellt die Aufklärung ein bedeutungsvolles Echo zur Gegenüberstellung zwischen göttlicher Begeisterung und Verstandesarbeit in der griechischen Antike dar. Die Frage, wer wem etwas mitteilt, war damals wie jetzt nicht nur eine Frage der Art: Wie kann ich sicher sein, daß der andere meine Mitteilung versteht und ich seine?, sondern sie war ständig mit der Frage nach der Macht verbunden. Mitteilen impliziert zugleich die Frage: Wie kann ich sicher sein, daß meine Botschaft oder die des anderen sich innerhalb eines bestimmten Rahmens frei verbreiten kann? Diese Frage ist eminent politisch, ihre Beantwortung hängt mit der Ordnung der verschiedenen Machtinstanzen und mit den von ihnen bestimmenden Mitteilungsge- und verboten in einer Gesellschaft zusammen.

Was sind wir als Informationsgesellschaft gegenwärtig? Wir sind die Erben des aufklärerischen und des antiken philosophischen Mitteilungsbegriffs. Die Wurzeln unseres modernen Informationsbegriffs finden wir in jenen platonischen und aristotelischen Texten, in denen von Form *(eidos, idea, typos, morphe)* die Rede ist, also in Texten, die einen zugleich erkenntnistheoretischen, menschenbildenden und ontologischen Charakter haben (Capurro 1978). Die Enstehung des Terminus Information in den neuzeitlichen Sprachen knüpft an diese Tradition an, nimmt aber zugleich die jetzt desakralisierte Bedeutung des christlichen *angelia*-Begriffs auf. Dabei findet ein Wechsel bezüglich des Mediums statt, in dem die Antike (vorwiegend) einen eingeschränkten freien Mitteilungsraum innerhalb des Machtgefüges der *polis* fand, nämlich in der Oralität.

In Kants *Beantwortung der Frage: Was ist Aufklärung?* erfahren wir über diesen Wechsel. Kant spricht vom „*öffentlichen* Gebrauch" der Vernunft und meint damit denjenigen Gebrauch, „den jemand *als Gelehrter* von ihr vor dem ganzen Publikum der *Leserwelt* macht", während der „Privatgebrauch" derjenige ist, bei dem die Vernunft eine Einschränkung findet, weil sie im Rahmen eines „öffentlichen Amtes" sich vollzieht. Kant führt folgende Beispiele für diese Einschränkung der Freiheit, von seiner Vernunft öffentlich zu gebrauchen, auf:

„Nun höre ich aber von allen Seiten rufen: *räsonnirt nicht!* Der Offizier sagt: räsoniert nicht, sondern exerciert! Der Finanzrat: räsonnirt nicht, sondern bezahlt! Der Geistliche: räsoniert nicht, sondern glaubt! (Nur ein einziger Herr in der Welt sagt: *räsonnirt,* soviel ihr wollt und worüber ihr wollt; *aber gehorcht*!)" (Kant 1923, AA VIII: 36–37).

Die Macht des Militärs, der Wirtschaft, der Religion und der Politik schränken den *mündlichen* Gebrauch der Freiheit, einem anderen seine Gedanken mitzuteilen, ein. Wenn wir aber im Rahmen eines öffentlichen Amtes nicht alles sagen dürfen, was wir wollen, so sollten wir doch zumindest auf einem anderen Weg unsere

Gedanken ungehindert mitteilen können. Dieser andere Weg sind die Schriften. Kant sucht im Medium des *gedruckten* Wortes einen freien Mitteilungsraum, in dem der Mensch sich nicht nur als „dieser Teil der Maschine", sondern „zugleich als Glied eines ganzen gemeinen Wesens, ja sogar der Weltbürgergesellschaft ansieht, mithin in der Qualität eines Gelehrten, der sich an ein Publikum im eigentlichen Verstande durch Schriften wendet" (ibid.: 37). Während er amtlich als Offizier, Bürger, Geistlicher spricht, sich als „passives Glied" verhalten muß, kann er als „Gelehrter" sich kritisch, jenseits der jeweiligen durch die Ämter vorgegebenen Grenzen, auch über die Sachverhalte dieser Ämter äußern. Er kann seine Mitteilungen gewissermaßen vor dem Forum *aller* Menschen, dem „eigentlichen Publikum", verbreiten.

Kant betont, daß bei diesem „öffentlichen Gebrauche" der Vernunft der Mensch sich „seiner eigenen Vernunft" bedient und somit für „seine eigene Person" spricht. Deshalb ist die Lehre, die ein Priester öffentlich, also mündlich, verbreitet, insofern ein Privatgebrauch seiner Vernunft, weil er einerseits dieses immer nur „vor seiner Gemeinde macht", die „immer nur eine häusliche, obzwar noch so große Versammlung ist", und weil er andererseits, „einen fremden Auftrag ausrichtet" (ibid.: 38).

Im Rahmen eines Amtes können wir, so Kant, nur einen eingeschränkten „Privatgebrauch" unserer eigenen Vernunft machen, weil wir Boten im Auftrag eines anderen sprechen, und weil der Raum der Oralität immer partikulär bleibt. Wann immer wir uns im Rahmen eines öffentlichen Amtes unserer eigenen Vernunft bedienen, handelt es sich um einen durch die Amtspflichten eingeschränkten „Privatgebrauch", auch wenn wir es, im üblichen Sinne des Wortes, öffentlich tun. Unsere Mitteilungsautonomie wird durch die Heteronomie des Senders eingeschränkt. Öffentlich im für Kant eigentlichen Sinne des Wortes teilen wir nur dann unsere Gedanken mit, wenn wir theoretisch als „Gelehrte" sprechen oder, genauer gesagt, wenn wir uns als solche schriftlich äußern. Das Medium der „Schriften" sichert der Botschaft (potentielle) Allgemeinheit und Zugänglichkeit. Die Freiheit der kritischen Prüfung, die „durch keine Amtspflicht eingeschränkt ist" (ibid.: 41), wird aber, paradoxerweise, wie Kant bemerkt, mit einer Einschränkung der „bürgerlichen Freiheit" erkauft, nach dem Motto: „*räsonnirt, soviel ihr wollt und worüber ihr wollt; nur gehorcht!*". Kant erhofft sich, daß sich die Freiheit, selbst zu denken, die sich im Medium der „Schriften" vollzieht, „allmählich" auf die „*Freiheit zu handeln*" auswirkt, so daß „endlich auch sogar" die „Grundsätze der *Regierung*" den Menschen, „der nun *mehr als Maschine* ist", gemäß seiner Würde behandelt werden (ibid.: 41–42).

Wie entscheidend die Freiheit der gedruckten Mitteilungen als *conditio sine qua non* der Denkfreiheit ist, wird von Kant in der zwei Jahre später (1786) veröffentlichten Schrift *Was heisst: Sich im denken orientieren?* folgendermaßen bestimmt:

„Der Freiheit zu denken ist *erstlich* der *bürgerliche* Zwang entgegengesetzt. Zwar sagt man: die Freiheit zu *sprechen* oder zu *schreiben,* könne uns zwar durch obere

Gewalt, aber die Freiheit zu *denken* durch sie gar nicht genommen werden. Allein, wie viel und mit welcher Richtigkeit würden wir wohl *denken,* wenn wir nicht gleichsam in Gemeinschaft mit andern, denen wir unsere und die uns ihre Gedanken *mittheilen,* dächten! Also kann man wohl sagen, daß diejenige äußere Gewalt, welche die Freiheit, seine Gedanken öffentlich *mitzutheilen,* den Menschen entreißt, ihnen auch die Freiheit zu *denken* nehme: das einzige Kleinod, das uns bei allen bürgerlichen Lasten übrig bleibt, und wodurch allein wider alle Übel dieses Zustandes noch Rath geschafft werden kann" (Kant 1923, AA VIII: 144).

In diesem Text hebt Kant auch das Medium der Oralität als Bedingung der Denkfreiheit hervor, sofern Literalität und Oralität Vermittlungen darstellen und Denken das Moment des Mitteilens einschließt. Ein Denken, das sich nicht in einem für sich und für andere offenen Mitteilungsraum vollzieht, sondern nur bei sich bleibt oder im Auftrag stattfindet, ist kein freies öffentliches Denken. Frei sind die eigenen Gedanken erst, wenn wir sie uneingeschränkt mitteilen können. Dadurch sind die eigenen Gedanken immer schon auch die mit anderen mit-geteilten Gedanken. Selbstdenken ist immer schon Denken-mit-anderen.

Die begrenzte Macht des Mitteilungsmodus des öffentlichen Wortes ist offensichtlich und von Kant selbst auch deutlich gesehen. Hamann bemerkte pointiert dazu:

„Also der öffentl. Gebrauch der Vernunft und Freyheit ist nichts als ein Nachtisch, ein geiler Nachtisch. Der Privatgebrauch ist das *tägl. Brodt,* das wir für jenen entbehren sollen" (Hamann 1976: 22).

Kants Lösung der Antinomie der Mitteilung – entweder sich der Heteronomie beugen und die Denkfreiheit verlieren oder die Denkfreiheit retten, dafür aber den Raum des Gesetzes in Frage stellen, Zensur oder Freiheit also – führt zur Dichotomie zwischen der freien, aber weitgehend machtlosen Mitteilung mit ihrem von der Obrigkeit zugelassenen Vermittlungsmedium und der eingeschränkten Freiheit, des Gehorsams *in practicis,* allerdings mit der Hoffnung, daß das erste das zweite beeinflussen möge.

Am Anfang der GOLEM-Galaxis

Was sind wir, Erben der Aufklärung, als Informationsgesellschaft gegenwärtig? Die scharfe Abgrenzung zwischen einem vertikalen machtpolitischen und einem horizontalen herrschaftsfreien Diskurs erweist sich als eine spekulative Konstruktion. Die informationstechnische Mediatisierung und Medialisierung der Oralität und der Schrift besitzen eine universale Zugänglichkeit, die Kant nur potentiell der gedruckten Mitteilung zuschreiben konnte. Das vernetzte Wissen stellt die Macht der philosophischen Ideologien oder „Metaerzählungen" in Frage, wie Lyotard (1986) zutreffend hervorgehoben hat. Zugleich aber sieht sich die sogenannte Informationsgesellschaft mit der Frage nach einer neuen „Wissensordnung" (Spinner

1994) konfrontiert. Wie läßt sich die Gefahr der Manipulation einschränken? Welche Kontrollinstanzen gibt es gegenüber Informationsmonopolen? Welche Mechanismen gibt es gegenüber Desorientierung und Desinformation? Die zunehmenden Verflechtungen zwischen Wissenschaft, Wirtschaft, Staat und Gesellschaft bilden die Matrix einer neuen Wissensordnung, in der es weniger um Abgrenzungen, Unabhängigkeiten und Souveränität, als vielmehr um Kooperation, Wahrnehmung des anderen und Fürsorge geht. Wo sind Chancen und Gefahren von globalen Vernetzungen?

Die Video-Installation von Bill Viola *The City of Man* (1989) – ausgestellt im Karlsruher Zentrum für Kunst und Medientechnologien (ZKM) – zeigt in Form eines Triptychons eine durch Verkehrs- und Informationstechnik gestaltete Welt (linker Teil) sowie ein in Flammen aufgehendes Gebäude (rechter Teil). Die Mitte führt ein Verwaltungsgeschehen auf. Das Werk erinnert, in Form und Inhalt, an die großen mittelalterlichen Triptychen, zum Beispiel an Hans Memlings *Das jüngste Gericht*. Das Machtverhältnis zwischen Staat und Medien verschiebt sich – gegenüber der Neuzeit – zugunsten der Medien und ihrer Verwaltung. Michel Serres (1993: 293) schreibt:

„Unser Universum organisiert sich um vielfältige Transportwesen *(messageries)* herum, so daß die Boten *(anges)* zahlreicher, komplexer und raffinierter sind als der einzige, falsche und diebische Hermes. Jeder Bote trägt eine oder mehrere Verbindungen; es existieren aber Milliarden davon, und wir erfinden jeden Tag weitere Milliarden: es fehlt uns eine Philosophie solcher Verbindungen. Anstatt eines Netzes von Dingen zu weben, zeichnen wir ein Geflecht von Wegen. Die Boten hören nicht auf, die Karten unseres neuen Universums zu zeichnen."

Zugleich aber, inmitten einer planetarischen Vernetzung mit einer kaum vorstellbaren Vielfalt an Boten und Botschaften, herrschen vielerorts kaum beschreibare Zustände von Elend und Ausbeutung. Durch Botschaften und Botschafter aller Art haben wir eine Welt-Stadt konstruiert, indem wir die alte Industriestadt durch die Informationstechnik transformiert haben. Aber mitten in dieser real-abstrakten Welt-Stadt der Verbindungen und der Mitteilungen entstehen neue Hierarchien, ganze Gesellschaften verfallen in die Anbetung bestimmter Botschaften und Mitteilungsmittel, wirtschaftliche Interessen bestimmen jenen von der Aufklärung erträumten Raum der öffentlichen Vernunft. Der amerikanische Philosoph Michael Heim (1993: 102) hebt die paradoxen kulturellen Auswirkungen jenes durch die Informationstechnologien geschaffenen Mitteilungsraums hervor. Der alltägliche *cyberspace,* vom Telefon und von der Television über E-mail und Fax bis zu den Online-Datenbanken und Internet, ermöglicht scheinbar eine unbeschränkte Mitteilungsfreiheit, die der geistigen Isolation in den Großstädten entgegenwirken kann, während er zugleich die unmittelbare Wechselwirkung leiblicher Anwesenheit zunehmend schwächt. Die Befreiung von der Leiblichkeit wird bisweilen in gnostisch-manichäischer Weise erfahren. Die Kommunikation von Angesicht zu Angesicht ist aber für Heim (1993: 102), so wie für Lévinas, grundlegender als jede maschinelle Vermittlung: „The face is the primal interface, more basic than any machine mediation."

Die Telepräsenz verbreitet eine gewisse Amoralität, und sei es die der schlechten Manieren, und erzeugt die zynische oder neurotische Illusion, daß man zugleich mit anderen und doch für sich sein kann. Die Online-Kultur führt zu einem globalen internationalen Dorf, das „gespeist durch beschleunigte Konkurrenz und gelenkt durch Information zum Ort einer nie dagewesenen Barbarei werden kann" (Heim 1993: 103). Heim hebt drei existentielle Grundzüge, die der Erfahrung eines freien Lebens in der virtuellen Realität ein anderes reales Gegengewicht – einen Anker – stellen, hervor, die Mortalität und mit ihr die Natalität, die Temporalität und mit ihr die Erfahrung der Einmaligkeit und die Fragilität oder die Sorge menschlichen Existierens, deren imaginäre Transformation in virtuelle Welten uns mit jenen metaphysischen Flügeln versieht, die, wie Heim betont, dem heutigen Menschen ermöglichen, die Schönheit der Platonischen Formen rein geistig und doch empirisch als „InFORMation" im *cyberspace* zu erfahren (Heim 1993: 136–137, 89).

Die Offenheit menschlicher Lebensverhältnisse kommt dann in ihrer Endlichkeit zum Vorschein, wenn wir nach dem fragen, was uns immer wieder Anlaß zur Mitteilung *gibt,* das heißt, wenn wir nach Seinsmangel und Seinsfülle der Existenz fragen. Das geschieht aber erst dann, wenn wir uns in diesem Fragen durch Praktiken der Lebensformung einüben.

Literaturverzeichnis

Achilles, D., Baier, P. W., Rupprecht, W.: Stellungnahmen zu F. L. Bauer: Informatik und Informationstechnik. In: Informatik-Spektrum 11 (1988) S. 327.

Aischylos: Sämtliche Tragödien. Übertragung v. J. G. Droysen, München 1977.

Anders, G.: Die Antiquiertheit des Menschen, München 1980, 2 Bde.

Aristoteles: Metaphysica, Oxford 1973.

Aristoteles: Nikomachische Ethik, Auf der Grundlage von E. Rolfes herausgegeben v. G. Bien, Hamburg 1985.

Aristoteles: Du Ciel, Texte établi et traduit par P. Moraux, Paris 1965.

Aristoteles: De anima, Oxford 1974.

Aristoteles: Politik, München 1973.

Artemidor: Traumkunst, Leipzig 1991.

Aubenque, P.: Le problème de l'être chez Aristote, Paris 1991.

Aubert, J.-M.: Le monde physique en tant que totalité et la causalité universelle selon Saint Thomas d'Aquin. In: L. Elders, Hrsg.: La philosophie de la nature de Saint Thomas d'Aquin, Libr. ed. Vaticana 1982, S. 82–106.

Auer, J., Ratzinger, J.: Kleine katholische Dogmatik, Regensburg 1975.

Augustinus: Bekenntnisse, Stuttgart 1989.

Bahr, E. Hrsg.: Was ist Aufklärung? Stuttgart 1976.

Bammé, A., et al., Hrsg.: Maschinen – Menschen. Mensch – Maschinen. Grundrisse einer sozialen Beziehung, Reinbek 1983.

Bar-Hillel, Y.: Language and Information, London 1973.

Baudrillard, J.: Die fatalen Strategien, München 1985.

Baudrillard, J.: Das Andere selbst: Habilitation, Wien 1987.

Baudrillard, J.: Cool memories 1980–1985, München 1989a.

Baudrillard, J.: Videowelt und fraktales Subjekt. In: Ars Electronica, Hrsg.: Philosophien der neuen Technologien, Berlin 1989b.

Bauer, F. L.: Informatik und Informationstechnik – Ein Gegensatz? In: Informatik-Spektrum 11 (1988) S. 231–232.

Benjamin, W.: Über den Begriff der Geschichte, IX. In: W. Benjamin, Abhandlungen. Gesammelte Schriften Bd. I–2, Frankfurt 1991.

Bien, G.: Die Grundlegung der politischen Philosophie bei Aristoteles, Freiburg/München 1983.

Bien, G., Hrsg.: Die Frage nach dem Glück. Stuttgart 1978.

Blumengerg, H.: Das Lachen der Thrakerin, Frankfurt 1987.

Bolz, N.: Am Ende der Gutenberg-Galaxis, München 1993.

Bolz, N.: Computer als Medium. In: F. A. Kittler, Ch. Tholen, Hrsg.: Computer als Medium, München 1994.

Borsche, R.: Linguistik ohne Langeweile. In: Philos. Rundschau 35 (1988) 4, S. 288–303.

Boss, M.: Grundriss der Medizin und der Psychologie, Bern 1975 2. Aufl.

Brauer, W. et al.: Die Informatik in der Bundesrepublik Deutschland. In: Studien- und Forschungsführer Informatik, Berlin 1984 und 1989 2. Aufl.

Brinker, H., Kanazawa, H.: ZEN. Meister der Meditation in Bildern und Schriften, Museum Rietberg, Zürich 1993.

Brun, J.: Biographie de la machine. In: Les Etudes philosophiques, Janvier/Mars (1985).

Budde, R., Züllighoven, H.: Software-Werkzeuge in einer Programmierwerkstatt. Ansätze eines hermeneutisch fundierten Werkzeug- und Maschinenbegriffs, München/Wien 1990.

Burckhardt, J.: Griechische Kulturgeschichte 3 Bde. (Gesammelte Werke Bd. VII), Darmstadt 1962.

Capurro, R.: Information. Ein Beitrag zur etymologischen und ideengeschichtlichen Begründung des Informationsbegriffs, München 1978.

Capurro, R.: Heidegger über Sprache und Information. In: Philos. Jahrbuch 88 (1981) 2, S. 333–344.

Capurro, R.: Hermeneutik der Fachinformation, Freiburg/München 1986.

Capurro, R.: Zur Computerethik. In: H. Lenk, G. Ropohl: Technik und Ethik, Stuttgart 1987, S. 259–273.

Capurro, R.: Artikel über Werke M. Heideggers. In: F. Volpi, J. Nida-Rümelin, Hrsg.: Lexikon der philosophischen Werke, Stuttgart 1988a.

Capurro, R.: La chose à penser. In: Ch. Grivel, Hrsg.: Appareils et machines à représentation. Mannheimer Analytika 8 (1988b) 103–110.

Capurro, R.: Der Kongreß. In: Information Philosophie, Mai (1989) 2, S. 74–82.

Capurro, R.: Ansätze zu einer Informationsökologie. In: Deutscher Dokumentartag 1989, Proceedings, DGD, Frankfurt a. M. 1990, S. 573–593.

Capurro, R.: M. Heidegger. In: J. Nida-Rümelin, Hrsg.: Philosophie der Gegenwart in Einzeldarstellungen, Stuttgart 1991a.

Capurro, R.: Juan Carlos Scannone. In: J. Nida-Rümelin, Hrsg.: Philosophie der Gegenwart in Einzeldarstellungen, Stuttgart 1991b, 539–542.

Capurro, R.: Gianni Vattimo. In: J. Nida-Rümelin, Hrsg.: Philosophie der Gegenwart in Einzeldarstellungen, Stuttgart 1991c.

Capurro, R.: Techne und Ethik. Platons techno-theo-logische Begründung der Ethik im Dialog „Charmides" und die aristotelische Kritik. In: Concordia 10 (1991d) S. 2–20.

Capurro, R.: Das Menschenbild in den Informationsgesellschaften Ost und West. In: E. Lange, Hrsg.: Die Medien und die Informationsgesellschaft, Baden Baden 1991e, S. 11–38.

Capurro, R.: Heidegger und die Aufklärung. In: R. Margreiter, K. Leidlmair, Hrsg.: Heidegger. Technik-Ethik-Politik, Würzburg 1991f, S. 257–267.

Capurro, R.: Informatics and Hermeneutics. In: C. Floyd, Z. Züllighoven, R. Bude, R. Keil-Slawik, Hrsg.: Software Development and Reality Construction, Berlin 1991g, S. 363–375.

Capurro, R.: Spreng-Sätze. In: prima philosophia 4 (1991h) 2, S. 129–148.

Capurro, R.: Le négatif photographique de l'événement. In: J. Poulain, W. Schirmacher, Hrsg.: Penser après Heidegger, Paris 1992, S. 220–224.

Capurro, R.: Zur Frage der professionellen Ethik. In: P. Schefe et al. Hrsg.: Informatik und Philosophie, Mannheim 1993a, S. 121–140.

Capurro, R.: „Sein und Zeit" und die Drehung ins synthetische Denken. In: M. Eldred, Hrsg.: Twisting Heidegger. Drehversuche parodistischen Denkens, Cuxhaven 1993b.

Capurro, R.: Zur Frage der professionellen Ethik. In: P. Schefe, H. Hastedt, Y. Dittrich, G. Keil Hrsg.: Informatik und Philosophie, Mannheim 1993c, S. 121–140.

Capurro, R.: Reparaturethik oder Lebensgestaltung? In: H.-J. Bullinger, Hrsg.: Technikfolgenabschätzung, Stuttgart 1994a, S. 161–174.

Capurro, R.: Rezension (K. Leidlmair: Künstliche Intelligenz und Heidegger). In: Philos. Jahrbuch 101 (1994b) 1, S. 204–208.

Capurro, R.: „Herausdrehung aus dem Platonismus": Heideggers existentiale Erstreckung der Sinnlichkeit. In: H. H. Gander, Hrsg.: „Verwechselt mich vor Allem nicht!" Heidegger und Nietzsche, Frankfurt (1994c), S. 139–156.

Capurro, R.: Was die Sprache nicht sagen und der Begriff nicht begreifen kann. Philosophische Aspekte der Einbildungskraft. In: P. Fauser, E. Madelung, Hrsg.: Imaginatives Lernen, Weinheim 1995.

Carrol, L.: Alice in Wunderland, Frankfurt 1973.

Cassien, J.: Conférences, Paris 1955.

Churchland, P. M.: A Neurocomputational Perspective: The Nature of Mind and the Structure of Science, Cambridge 1990.

Churchland, P. S.: Neurophilosophy: Toward a Unified Understanding of the Mind/Brain, Cambridge 1986.

Cicero: De finibus bonorum et malorum, Übers. u. Hrsg. v. H. Merklin, Stuttgart 1989.

Cicero: Epistulae ad Quintum fratrem, Übers. u. Hrsg. v. U. Blank-Sangmeister, Stuttgart 1993.

Colli, G.: Die Geburt der Philosophie, Frankfurt a. M. 1990.

Coy, W.: Ein Post-Rationalistischer Entwurf. In: T. Winograd, F. Flores: Erkenntnis Maschinen Verstehen, Berlin 1989a, S. 297–313.

Coy, W.: Brauchen wir eine Theorie der Informatik? In: Informatik-Spektrum 12 (1989b) S. 256–266.

Literaturverzeichnis

Coy, W.: Reduziertes Denken. In: P. Schefe, u. a. Hrsg.: Informatik und Philosophie, Mannheim 1993, S. 31–52.

Coy, W. et al. Hrsg.: Sichtweisen der Informatik, Braunschweig/Wiesbaden 1992.

Descartes, R.: Œuvres, Ch. Adam, P. Tannery, Paris 1986 und Œuvres, A. Bridoux, Paris 1952.

Diels, H., Kranz, W.: Die Fragmente der Vorsokratiker, Berlin 1956.

Dretske, F.: Minds, Machines and Meaning. In: C. Mitcham, A. Huning, Eds.: Philosophy and Technology II, Dordrecht 1986, S. 97–109.

Dreyfus, H. L.: Die Grenzen künstlicher Intelligenz. Was Computer nicht können, Königstein/Taunus 1985.

Dreyfus, H. L. Dreyfus, S. E.: Künstliche Intelligenz. Reinbeck b. Hamburg 1986.

Dreyfus, H. L., Rabinow, P.: Michel Foucault, Frankfurt 1987.

Duden Informatik, Hrsg. vom Lektorat des B. I.-Wissenschaftsverlag. Bearbeitet v. V. Claus u. A. Schwill, Mannheim 1988.

Duhem, P.: Le Système du Monde, Paris, o. D. Bd. 5.

Eldred, M. Hrsg.: Twisting Heidegger. Drehversuche parodistischen Denkens, Cuxhaven 1993.

Eldred, M.: Aspetti metafisici e post-metafisici dell'analisi della forma di valore. In: L'impegno della ragione: Per Emilio Agazzi, Mailand 1994, S. 121–134.

Epikur: Von der Überwindung der Furcht, München 1986.

Ethische Leitlinien der Gesellschaft für Informatik. In: Informatik-Spektrum 16 (1993) S. 239–240.

Eurich, C.: Tödliche Signale, Frankfurt 1991.

Euripides: Iphigenie bei den Taurern. Übersetzt v. J. J. C. Donner, neubearb. v. C. Woyte, Stuttgart 1992.

Fahrner, R.: West-östliches Rittertum, Graz 1994.

P. Fauser, E. Madelung, Hrsg.: Imaginatives Lernen, Weinheim 1995.

Flasch, K. Hrsg.: Mittelalter. Geschichte der Philosophie in Text und Darstellung, Stuttgart 1982.

Flasch, F.: Einführung in die Philosophie des Mittelalters, Darmstadt 1987.

Floyd, C., Züllighoven, H., Budde, R. Keil-Slawik, R. Hrsg.: Software Development and Reality Construction, Berlin 1991.

Floyd, C.: Softwareentwicklung als Realitätskonstruktion. In: W. M. Lippe, Hrsg.: Software-Entwicklung, Berlin 1989.

Floyd, C.: Human Question in Computer Science. In: C. Floyd et al., Hrsg.: Software Development and Reality Construction, Berlin 1991.

Flusser, V.: Gesten. Versuch einer Phänomenologie, Bensheim 1993.

Flusser, V.: Lob der Oberflächlichkeit. Für eine Phänomenologie der Medien, Bensheim 1993.

Flusser, V.: Vampyroteutis infernalis, Göttingen 1987.

Foucault, M.: Sexualität und Wahrheit, Frankfurt 1989, 3 Bde.

Foucault, M.: Von der Freundschaft, Berlin o. D.

Foucault, M.: Technologien des Selbst. In: L. H. Martin, H. Gutman, P. H. Hutton, Hrsg.: Technologien des Selbst, Frankfurt 1993.

Foucault, M.: Was ist Aufklärung? In: E. Erdmann, R. Forst, A. Honneth, Hrsg.: Ethos der Moderne, Frankfurt 1990, S. 35–54.

Foerster, H. v.: Sicht und Einsicht, Braunschweig 1985.

Gadamer, H. G.: Wahrheit und Methode, Tübingen 1975.

Ganzhorn, K. E.: Informatik im Übergang. In: Informatik-Spektrum 6 (1983) S. 1–6.

Gebser, J.: Ursprung und Gegenwart, Stuttgart 1949, 2 Bde.

Girill, T. R.: The Principles of Visual Rhetoric and the Rhetoric of Visual Principles. In: The Journal of Computer Documentation 16 (1992) 3, S. 17–26.

Goethe, J. W. v.: Wilhelm Meisters Lehrjahre. Goethes Werke, München 1977, Bd. 7.

Gondek, H.-G.: Cogito und séparation – Lacan/Lévinas. In: Frag-mente 39/40 (1992), S. 43–78.

Gumbrecht, K. U., Pfeiffer, K. L., Hrsg.: Materialität der Kommunikation, Frankfurt 1988.

Gumbrecht, K. U., Pfeiffer, K. L. Hrsg.: Paradoxien, Dissonanzen, Zusammenbrüche, Frankfurt 1991.

Habermas, J.: Theorie des kommunikativen Handelns, Frankfurt 1988, 2 Bde.

Hadot, I.: Seneca und die griechisch-römische Tradition der Seelenleitung, Berlin 1969.

Hadot, P.: Philosophie als Lebensform. Geistige Übungen in der Antike, Berlin 1991.

Haefner, K. Hrsg.: Evolution of Information Processing Systems. An Interdisciplinary Approach for a New Understanding of Nature and Society, Berlin 1992.

Haller, M.: Das Medium als Wille und Vorstellung. In: DIE ZEIT, Nr. 27, 28. Juni 1991.

Hamann, J. G.: Brief an Christian Jacob Kraus. In: E. Bahr, Hrsg.: Was ist Aufklärung? Stuttgart 1976.

Hegel, G. W. F.: Grundlinien der Philosophie des Rechts, Frankfurt 1976.

Heidegger, M.: Sein und Zeit, Tübingen 1976.

Heidegger, M.: Der Satz vom Grund, Pfullingen 1957.

Heidegger, M.: Phänomenologische Interpretation von Kants Kritik der reinen Vernunft, Gesamtausgabe 25, Frankfurt 1977.

Heidegger, M.: Aus einem Gespräch von der Sprache. In: ibid.: Unterwegs zur Sprache, Pfullingen 1975.

Heidegger, M.: Vier Seminare, Frankfurt 1977.

Heidegger, M.: Die Technik und die Kehre, Pfullingen 1976.

Heidegger, M.: Bremer und Freiburger Vorträge. Gesamtausgabe 79, Frankfurt 1979.

Heim, M.: The Metaphysics of Virtual Reality, New York 1993.

Hesiod: Werke und Tage, Sämtliche Werke, Leipzig 1938.

Hevenesi, G.: Scintilliae Ignatianae, Regensburg 1919.

Hinderer, W.: Stellungnahme zu W. Coy: Brauchen wir eine Theorie der Informatik? In: Informatik-Spektrum 13 (1990) S. 43.

Hofstadter, D. R., Dennett, D. C.: Einsicht ins Ich, Stuttgart 1981.

Homer: Ilias (Übers. W. Schadewaldt) Frankfurt 1979.

Homer: Odyssee (Vossische Übers.) Dortmund 1979.

Horaz: Sämtliche Werke, München 1979.

Hottois, G.: Le signe et la technique, Paris 1984.

Huber, P.: Heilige Berge, Zürich 1980.

Husserl, E.: Phänomenologie der Lebenswelt. Mit einer Einleitung herausgegeben von K. Held, Stuttgart 1986.

Ignatius von Loyola: Geistliche Übungen und erläuternde Texte. Übers. u. erklärt von Peter Knauer, Graz 1988.

Jalics, F.: Kontemplative Exerzitien. Würzburg 1994.

Joachimides, Ch. M., Rosenthal, N., Hrsg.: Amerikanische Kunst im 20. Jahrhundert. Malerei und Plastik 1913–1993, München 1993.

Johnson, D. G. : Computer Ethics, Englewood Cliffs, NJ 1985.

Jonas, H.: Das Prinzip Verantwortung, Frankfurt 1984.

Juranville, A.: Lacan et la philosophie, Paris 1984.

Kamper, D.: Poesie, Prosa, Klartext. Von der Kommunion der Körper zur Kommunikation der Maschinen. In: H. U. Gumbrecht, K. L. Pfeiffer, Hrsg.: Materialität der Kommunikation, Frankfurt 1988, S. 43–62.

Kant, I.: Gesammelte Schriften. Hrsg.: Preuß. Akad. d. Wiss., Berlin 1910 ff.

Kierkegaard, S.: Entweder/Oder, Düsseldorf 1957.

Kittel, G. Hrsg.: Theologisches Wörterbuch zum Neuen Testament, Stuttgart 1933, Nachdr. 1953.

Kittler, F.: Signal – Rausch – Abstand. In: H. U. Gumbrecht, K. L. Pfeiffer, Hrsg.: Materialität der Kommunikation, Frankfurt 1988, S. 342–359.

Kleineidam, E.: Das Problem der hylomorphen Zusammensetzung der geistigen Substanzen im 13. Jahrhundert, behandelt bis Thomas von Aquin, Breslau 1930.

Krämer, H.: Integrative Ethik, Frankfurt 1992.

Krämer, H.: Plädoyer für eine Philosophie der Lebenskunst. In: Information Philosophie 3 (1988).

Krämer, S.: Symbolische Maschinen, Darmstadt 1988.

Kuhn, T. S.: Die Struktur wissenschaftlicher Revolutionen, Frankfurt 1976.

Lacan, J.: L'éthique de la psychanalyse. Le séminaire, livre vii, Paris 1986.

Lacan, J.: Le transfer. Le séminaire, livre viii, Paris 1991.

Lacan, J.: Encore. Le séminaire, livre xx, Paris 1975.

Leidlmair, K.: Künstliche Intelligenz und Heidegger, München 1991.

Lem, S.: Also sprach GOLEM, Frankfurt 1984.
Lenk, H.: Können Informationssysteme moralisch verantwortlich sein? In: Informatik-Spektrum 12 (1989) 248–255.
Lévinas, E.: Totalität und Unendlichkeit, Freiburg/München 1987.
Lischka, C.: Über die Blindheit des Wissensingenieurs, die Geworfenheit kognitiver Systeme und anderes. In: KI 4 (1987) S. 15–19.
Lohse, B.: Askese und Mönchtum in der Antike und in der alten Kirche, München 1969.
Luft, A. L.: Informatik als Technikwissenschaft, Mannheim 1988.
Lyotard, J.-F.: Das postmoderne Wissen. Ein Bericht, Wien 1986.
Lyotard, J.-F.: Ob man ohne Körper denken kann. In: H. U. Gumbrecht, K. L. Pfeiffer, Hrsg.: Materialität der Kommunikation, Frankfurt 1988, S. 813–829.
Lyotard, J.-F.: Das postmoderne Wissen, Wien 1986.

Mann, U.: Das Wunderbare, Gütersloh 1979.
Marc Aurel: Selbstbetrachtungen, Stuttgart 1973.
Martens, E.: Die Sache des Sokrates, Stuttgart 1992.
Martens, E.: Das Subjekt der Computer-Ethik. In: M. Gatzemaier, Hrsg.: Verantwortung in Wissenschaft und Tecnik, Mannheim 1989, S. 239–255.
Maturana, H. R., Varela, F. J.: Autopoiesis and Cognition, Dordrecht 1980.
McCorduck, P.: Denkmaschinen. Die Geschichte der künstlichen Intelligenz, Haar bei München 1987. (Machines Who Think, San Francisco 1979).
McLuhan, M.: Die Gutenberg-Galaxis, Düsseldorf 1968.
Minsky, M.: Mentopolis, Stuttgart 1990.
Montaigne, M. de: Essais, Paris 1965.
Moravec, H.: Mind Children. The Future of Robot and Human Intelligence, Harvard 1988 (dt. Übers. Hamburg 1990.)
Müller, Max: Sein und Geist, Freiburg/München 1981, 2. Aufl.

Nettling, A.: Sinn für Übergänge. Zur Parergonalität des Weiblichen in der Philosophie. Versuch über die Geschlechterdifferenz, Wien 1992.
Niehues-Pröbsting, H.: Der Kynismus des Diogenes und der Begriff des Zynismus, München 1979.
Nietzsche, F.: Kritische Gesamtausgabe, Hrsg. v. G. Colli, M. Montinari, Berlin 1975 ff.
Nobis, H. M.: Art. Engellehre. In: J. Ritter, Hrsg.: Historisches Wörterbuch der Philosophie, Basel 1971 ff., Bd. 2, Sp. 500–503.
Nygaard, K.: Programm Development as a Social Activity. In: Kugler, H. J. Hrsg.: Information Processing 86, Proc. 10th IFIP World Computer Congress '86, Dublin, Amsterdam 1986.

Oeser, E.: From Neural Information Processing to Knowledge Technology. In: K. Haefner, Hrsg.: Evolution of Information Processing Systems, Berlin 1992, S. 320–340.
Oeser, E., Seitelberger, F.: Gehirn, Bewußtsein und Erkenntnis, Darmstadt 1988.
Oesterreich, P. L.: Fundamentalrhetorik. Untersuchungen zu Person und Rede in der Öffentlichkeit, Hamburg 1990.
Ohtsu, D. R.: Der Ochs und sein Hirte, Eine altchinesische Zen-Geschichte, erläutert von Meister D. R. Ohtsu, Pfullingen 1981, 4. Aufl.
Oury, G.-M.: Les moines, Paris 1987.

Pascal, B.: Pensées, Paris 1977.
Pask, G.: Conversation, Cognition and Learning, Amsterdam 1975.
Pfeiffer, K. L.: Materialität der Kommunikation? In: H. U. Gumbrecht/K. L. Pfeiffer (Hrsg.), Materialität der Kommunikation, Frankfurt 1988, 27.
Pindar: Siegesgesänge und Fragmente. Herausgeben und übersetzt v. O. Werner, München 1967.
Platon: Opera, Oxford 1967 ff.; Sämtliche Dialoge, Hamburg 1988.
Plesu, A.: Der Aberglaube an das Neue. In: DIE ZEIT, Nr. 47, 19. November 1993.
Plutarch: Griechische Heldenleben, Leipzig o. D.
Postman, N.: Wir amüsieren uns zu Tode, Frankfurt 1985.
Putnam, H.: Repräsentation und Realität, Frankfurt 1991.
Pylyshyn, Z. W.: Computation and Cognition, Cambridge, MA 1986.

Rabbow, P.: Seelenführung. Methodik der Exerzitien in der Antike, München 1954.

Rahner, K.: Über Engel, Schriften zur Theologie, Köln 1978, Bd. XIII.
Rahner, K.: Geist in Welt, München, 1957, 2. Aufl.
Rahner, K.: Experiment Mensch. In: H. Rombach: Die Frage nach dem Menschen, Freiburg 1966, S. 45–69.
Rahner, K., Imhof, P.: Ignatius von Loyola, Freiburg 1978.
Rajchman, J.: Truth and Eros. Foucault, Lacan, and the Question of Ethics, New York 1991.
Rödiger, K. H. et al.: Informatik und Verantwortung. In: Informatik-Spektrum 12 (1989) S. 281–289.
Römer, G., Stamm, G. Hrsg.: Raimundus Lullus – Thomas Le Myésier: Electorium parvum seu Breviculum. Vollständiges Faksimile der Handschrift St. Peter perg. 92 der Badischen Landesbibliothek Karlsruhe, Wiesbaden 1988.
Rötzer, F.: Mediales und Digitales. In: ibid. Hrsg.: Der digitale Schein. Ästhetik der elektronischen Medien, Frankfurt 1991.
Rohde, E.: Psyche. Seelencult und Unsterblichkeitsglaube der Griechen, Tübingen 1921, 2 Bde.
Rolf, A.: Sichtwechsel. Informatik als Gestaltungswissenschaft. In: W. Coy et al. Hrsg.: Sichtweisen der Informatik, Braunschweig/Wiesbaden 1992, S. 33–48.
Rosenberg, A.: Engel und Dämonen. Gestaltwandel eines Urbildes, München 1986.
Roß, D.: Fernsehvagabunden sind wir. Das öffentlich-rechtliche System muß seine alten Ansprüche aufgeben. In: DIE ZEIT, Nr. 46, 9. November 1990.
Roßnagel, A., Wedde, P., Hammer, V., Pordesch, U.: Die Verletzlichkeit der „Informationsgesellschaft", Opladen 1989.

Schefe, P., Hastedt, H., Dittrich, Y., Keil, G. Hrsg. Informatik und Philosophie, Mannheim 1993.
Schefe, P.: Theorie oder Aufklärung? Zum Problem einer ethischen Fundierung informatischen Handelns. In: W. Coy et al. Hrsg.: Sichtweisen der Informatik, Braunschweig/Wiesbaden 1992, S. 327–334.
Schement, J. R.: An Etymological Exploration of the Links between Information and Communication. In: Brent D. Ruben, Ed.: Between Communication and Information. Vol. 4: Information and Behavior, New Brunswick 1992.

Schirmacher, W.: Ereignis Technik, Wien 1990.
Schirmacher, W.: Technik und Gelassenheit, Freiburg/München 1983.
Schmid, W.: Auf der Suche nach einer neuen Lebenskunst, Frankfurt 1991.
Schönherr, H.-M.: Die Technik und die Schwäche, Wien 1989.
Schopenhauer, A.: Die beiden Grundprobleme der Ethik, Sämtliche Werke, Frankfurt 1986.
Searle, J. R.: Geist, Hirn und Wissenschaft, Frankfurt 1986.
Serres, M.: La légende des anges, Paris 1993.
Shannon, C. E., Weaver, W.: The Mathematical Theory of Communication, Urbana 1949, Nachdr. 1972.
Silvers, S. Hrsg.: Rerepresentation, Dordrecht 1989.
Singer, P.: Praktische Ethik, Stuttgart 1984.
Sloterdijk, P.: Kritik der zynischen Vernunft, Frankfurt 1983.
Sophokles: Die Tragödien. Übersetzt u. eingeleitet v. H. Weinstock, Stuttgart 1967.
Spinner, H.: Die Wissensordnung, Opladen 1994.
Spinoza : Ethica, Werke, Darmstadt 1980.
Stingelin, M.: Kugeläußerungen. Nietzsches Spiel auf der Schreibmaschine. In: H. U. Gumbrecht, K. L. Pfeiffer Hrsg.: Materialität der Kommunikation, Frankfurt 1988, S. 327–341.
Syring, M. L. Hrsg.: Bill Viola, Unseen Images, Düsseldorf 1992.
Szlezák, T. A.: Platon und die Schriftlichkeit der Philosophie, Berlin 1985.

Tasinato, M.: L'oeil du silence. Eloge de la lecture, Lagrasse 1989.
Thesaurus Spiritualis Societatis Iesu, Santander 1950.
Thomas von Aquin: Opera omnia, ed. Leonina, Rom 1882 ff.
Thomas von Aquin: Opuscula philosophica, Paris 1949.
Trabant, J.: Apeliotes oder Der Sinn der Sprache, München 1986.
Trettin, K.: Die Logik und das Schweigen: zur antiken und modernen Epistemotechnik, Weinheim 1991.
Tufte, E.: The Visual Display of Quantitative Information, Cheshire, Conn. 1983.
Tufte, E.: Envisioning Information, Cheshire, Conn. 1990.

Valéry, P.: Œuvres, 2 Bde. Paris 1957.

Vattimo, G.: Das Ende der Moderne, Stuttgart 1990.

Vattimo, G.: La società trasparente, Mailand 1989.

Verein Deutscher Ingenieure, Hrsg.: Künstliche Intelligenz. Leitvorstellungen und Verantwortbarkeit, Düsseldorf 1993, 2. Aufl.

Vico, G.: Opere filosofiche, Firenze 1971.

Vico, G.: Vom Wesen und Weg der geistigen Bildung, Godesberg 1947.

Virilio, P.: Der negative Horizont, München 1989.

Virilio, P.: Die Sehmaschine, Berlin 1989.

Weizenbaum, W.: Die Macht der Computer und die Ohnmacht der Vernunft, Frankfurt 1978.

Welsch, W.: Unsere Postmoderne Moderne, Weinheim 1987.

Welsch, W.: Anästhetik – Fokus einer erweiterten Ästhetik. In: W. Zacharias, Hrsg.: Schöne Aussichten? Ästhetische Bildung in einer technisch-medialen Welt, Essen 1991, S. 79–106.

Westermann, C.: Gottes Engel brauchen keine Flügel, Stuttgart 1980.

Wiegerling, K.: Die Erzählbarkeit der Welt, Lebach 1989.

Wiener, N.: Cybernetics or control in the animal and the machine, New York 1961.

Winklhofer, A.: Die Welt der Engel, Ettal 1958.

Winograd, T., Flores, F.: Erkenntnis Maschinen Verstehen, Berlin 1989.

Wittgenstein, L.: Tractatus logico-philosophicus. Werkausgabe Band 1, Frankfurt 1984.

Wohlfart, G., Kreuzer, J.: Stichworte Schweigen/Stille. In: J. Ritter, K. Gründer, Hrsg.: Historisches Wörterbuch der Philosophie, Basel 1971 ff., Bd. 8, Sp. 1483–1495.

Zemanek, H.: Gedanken zum Systementwurf. In: H. Maier-Leibniz, Hrsg.: Zeugen des Wissens, Mainz 1986, S. 99–125.

Zimmerli, W.C.: Logik ist technisch. Technik logisch. In: Deutsche Universitätszeitung 24 (1989) S. 22–24.

Zutter, J.: Gespräch mit Bill Viola. In: M. L. Syring, Hrsg.: Bill Viola. Unseen Images, Düsseldorf 1992, S. 93–99.

Quellenverzeichnis

Informatik: Von der Technokratie zur Lebenskunst. In: H. Goorhuis, H. Hansen, Hrsg.: Seminardokumentation zum Seminar „Informatik und Ethik" der Universität Zürich, Universität Zürich 1992.

Informationstechnologien und Technologien des Selbst: Ein Widerstreit. In: Deutsche Zt. f. Philosophie 40 (1992) 3, S. 293–304.

Ein Grinsen ohne Katze. Von der Vergleichbarkeit zwischen „künstlicher Intelligenz" und „getrennten Intelligenzen". In: Zt. f. philos. Forschung 47 (1993) 1, S. 93–102.

Ethik und Informatik. Die Herausforderung der Informatik für die praktische Philosophie. In: Informatik-Spektrum 13 (1990) S. 311–320.

Die Verantwortbarkeit des Denkens. Künstliche Intelligenz aus ethischer Sicht. In: Forum für interdisziplinäre Forschung 1 (1988) S. 15–21.

Sachverzeichnis

Abstinenzpraktiken 29
Ästhetik der Existenz 22–29
Androzentrismus 16, 25, 88
Anthropomorphismus 68, 72
Anthropozentrismus 10, 16–18, 24, 55, 58f., 88, 94, 96
Artifizialität 71–76
artifizielle Hermeneutik 69, 76
artifizielle Informationssphäre 72–75
Askese 22, 24, 29f., 33–36, 43f.
Atmungstechnik 31
Aufklärung 18, 33–36, 54, 110–114
autopoietische Maschinen 17
autosuggestive Hilfen 31

Beichttechniken 24, 29, 31
Benutzeroberfläche 74
Beratungsübungen 32
Besonnenheit 26, 65
Bibliothek 76
Bildung 78
Biomacht 41
Bote 79, 98, 103f., 113
Botin 107
Botschaft 43, 48, 99, 103–113
Briefe 28, 32, 101–105
Buchhaltung des Geistes 10
Brutalität 78
Bußfertigkeit 30

Chaos 11, 38f., 43, 66, 68, 90, 93
Christentum 29–31, 41, 46, 108f.
christliche Spiritualität 25, 33
CNN 70
Computerprogramm 15
Computersysteme 60, 62, 65, 91
cyberspace 113f.

Dämonen 78f., 86
Daseinsanalytik 18
Daten 38, 57, 90
Datenbanken 37, 76
Demokratie 39
Demut 30
Desinformation 113
Desorientierung 113
Dezentrierung 25, 55
Dialog 9, 27, 32, 44, 61, 105, 107, 109
dianoethische Tugenden 54
dichterischer Mitteilungsmodus 103, 109
Digitalisierbarkeit 48
Diskursethik 63
Dritte Welt 65
Drucktechnik 77

Echtzeit 39
Ehre 32
Einbildungskraft 34, 47, 82
Einsamkeit 32–34, 44
elektronische Netzwerke 70, 99
elektronisches Zeitalter 46
Elektrotechnik 56
Endlichkeit 23
Engel 12, 47, 78–98
Entanthropomorphisierung 69, 72
Enthaltsamkeit 29
Entlinearisierung 76, 97
Enzyklopädie 76
Erkennungstheorie 86
Ethik 11, 23f., 26, 32–36, 46, 52, 54, 58f., 61–67, 94
Ethik-Kodex 63, 81
ethische Tugenden 54
Ethos 62
Euthanasie-Frage 64
Evolutionstheorie 16
Existenzialhermeneutik 66f.

Fairneß 11
Faktizität 9, 43, 49f., 59, 93
Falsifizierbarkeit 11, 20
Fernsehen 41f., 74
Fiktion 40, 46, 48
Film 42, 49
Formung 22f., 36, 68
Fortschritt 75, 97f.
fotografieren 49
Freiheit 25, 64, 91, 94, 110–112
Freundschaft 100f.
Frieden 57
frohe Botschaft 108f.
Funktionalismus 16f., 19, 64, 83
Furcht 94

Gebrauchswert 70
Gedächtnis 34, 38, 48
gedrucktes Wort 34, 99
Gehirn 39, 53, 58
Gehorsam 30
Geistermythologie 78–96
Geisterseher 93
Geisteswissenschaften 56, 58, 76
geistige Übungen 22, 27, 29–33
geistliche Übungen 22, 29–33
Geld 69f.
Gemeinleben 26
Gemeinschaft 11, 62
Gemüt 35
Genealogie 12, 77, 97–114
Gerechtigkeit 11, 26, 64, 101
Geschwindigkeit 74
Gesellschaft 39–41, 49f., 57, 64, 68, 81
Ge-Stell 71
Gestaltung 43, 72
Gesundheit 28, 35
getrennte Intelligenzen 80, 83–89, 91f., 94
Gewalt 34
Gewissensprüfung 24
Gewohnheit 28
Glaubensgewißheit 29
Gleichgültigkeit 28, 38
Gleichwertigkeit 38
Gleichzeitigkeit 74, 88
Glück 24, 29, 58
Glückseligkeit 90f.
GOLEM-Galaxis 76, 97f., 112–114
GOLEM-Mythos 91
Götter 79f., 82, 85, 109

Götterbotin 103
Göttin 104f.
göttliche Anordnung 104
göttliche Fügung 106
göttliche Kraft 106
göttliche Weisheit 99, 105
göttlicher Wille 29, 31f.
Götzendienst 42
Gott 31f., 36, 47f., 79f., 85, 87, 91, 106
Gottheit 79
Gottesvertrauen 31f.
Gratuität 23, 36
Grenzidee 86, 89
Grenzüberschreitung 92
Großtechnologie 62, 65
gute Leben, das 23
Gutenberg-Galaxis 9, 73, 76
Gynekozentrismus 16

Handeln 28, 54, 72, 77
Handlungsentwürfe 15
Hardware 16, 39, 65, 76, 88
Haß 34, 52
hellenistische Meditationstechniken 24
Hermenautik 76
Hermeneutik 9, 11, 58–62, 65f., 69, 71, 73, 76f.
Hermeneutikkritik 66, 83
hermeneutischer Zirkel 60
Hermes-Mythos 79, 91
Herrschaft 16–18, 20–26, 40, 64f., 77, 79
herrschaftsfreie Kommunikation 70
Herrschaftstechniken 24, 36
Herzensgebet 31
Heteronomie 112
Hierarchie 46f., 76, 91, 113
Höhlengleichnis 46, 106f.
Humanismus 10, 58, 76, 96, 102
Humanität 78
Hunger 65, 81
Hybris 23, 51
hyper strong AI 88
Hypertext 73, 76
Hysterie 44

Ich 25, 33
Ideologien 69
Ignatianische Indifferenz 30, 32
Imaginäres 46, 48, 76
Imagination 29, 46
Immaterialität 75

Im–Raum–sein 87–89
In–der–Welt–sein 11f., 36, 42, 49, 58f., 61, 64, 88
In–der–Zeit–sein 87–89
indifferentia 28
Individualmedien 42
Industrie 51
Informatik 11, 15, 18, 38, 51–67
information processing 68
information retrieval 73
information science 55
Informationsanalyse 69–72
Informationsbegriff 68–77, 99, 103
Informationsgesellschaft 37–50, 52, 57, 103, 110, 112
Informations-Gestell 12, 71, 74–76
Informationskapitalisten 70
Informationsmarkt 42
Informationsmonopole 113
Informationssphäre 69–76
Informationstechnik 9, 11, 13, 15–19, 36f., 39–41, 44, 49, 56, 61f., 65, 77, 113
Informationszeitalter 9, 11f., 66, 77
informationsverarbeitendes System 15–18, 69, 78, 95
Informationsverarbeitung 16f., 55, 68
Informationswissenschaft 55, 66
Informationszirkulation 12, 66, 77, 99
Informatismus 68, 70, 72
Ingenieurswissenschaft 56, 58
Innerlichkeit 25
Institutionenethik 36
instrumentelle Vernunft 96
Intellekt 47, 48, 80, 87–89, 91
intellektuelle Übungen 26f.
Interaktion 57, 60–62
Internet 113
Interpret 70–73
Interpretationsgemeinschaft 11, 72–77
Intolerable, das 44
Irrationalismus 59, 64
Irrsinn 93
Islam 109
Isomorphie 17, 39

Kanal 38, 43
Kapital 36, 68–77
kathartische Methoden 31
kategorischer Imperativ 44, 55, 63
Kleinigkeit 9, 17, 41
Klugheit 23, 95, 101

Körper 87
Kognitionswissenschaft 15
kollektive Existenz 25
kollektive Sorge 25
kollektive Verantwortung 62, 94
Kommunikation 76, 113
Kommunikationsgemeinschaft 63, 71
Komplexität 18, 36, 81f.
Konnektionismus 17
Konstrukteur 19, 48
Konstruktion 49, 66
Konstruktivismus 17, 19, 53, 60
Kontemplation 31, 44, 55
Kontingenz 99
Kontex 11, 24, 27, 39, 99, 103–105
Kontrolle 17
Kontrollinstanzen 113
kopernikanische Wende 55
Krankheit 32, 65
Kreatur 85
Krieg 38, 40
Kritikfähigkeit 38
künstliche Intelligenz 12, 16, 58, 67, 78–86, 88–96
künstliche Welten 65f.
künstliches Leben 93
Künstlichkeit 78, 92
Kultur der Geste 49f.
Kulturkritik 75
Kunst 13, 23, 46, 50f., 64, 80
Kybernetik 68, 72, 76
Kynismus 41–43, 108

Labyrinth 12, 37, 71, 76
Lachen 12, 92f.
Leben 9
Lebenseinstellungen 14, 21
Lebensform 21, 36, 64, 106–109
Lebensgenuß 35
Lebensgestaltung 23, 28f., 32–34
Lebenskunst 22–29, 33, 36f., 41f., 44, 55, 65, 67
Lebensnorm 36
Lebensorientierung 100
Lebenspraxis 64
Lebensregeln 34
Lebensstil 25, 29
Lebenstechnik 60
Lebenstechniker 21
Lebensübel 35
Lebensverhältnisse 114
Lebensweg 23, 33

Sachverzeichnis

Lebenswelt 11, 13–21, 61, 63–65, 72–75, 93f., 96
Leib 32, 78, 80, 85, 87, 93, 100
Leid 27
Lernbegierde 100
Letztbegründung 20
Liebe 49, 52, 90, 96
Liebeswahl 90, 91
Literalität 77, 111
Logik 51, 55
Logos 43, 96, 99, 105f.
Lust 91, 100

Machen 49, 66
Machtmechanismen 97
Machtstrukturen 49, 99
Manipulierbarkeit 48
Maschinenmodell 17
Massenmedien 38–43
Materialität 75, 87
Materielosigkeit 87
Maxime 26
Medialisierung 40, 112
Medialität 107
Mediatisierung 15, 112
mediatisierte Stadt 38
Medien 39, 41, 43, 46, 61, 72, 75, 94, 103, 113
Medienwelt 39
Meditation 24, 27, 29–34
Menschenbild 15, 17, 23, 56
Menschenwürde 64f.
Menschheit 68, 95
Montopolis 39
mentale Repräsentationen 19
Metaerzählungen 112
Metaphysik 18, 47, 55, 71, 82, 92, 114
Mikrokosmos 39
Mitsein 74
Mitteilung 68, 70f., 73, 76, 89, 97–114
Mitteilungsautonomie 111
Mitteilungsfreiheit 99, 108, 113
Mitteilungsmodi 99, 101, 103, 105–107, 109, 112
Mitteilungsphänomen 77, 103,
Mitteilungspraktiken 29, 97–109
Mittelalter 12, 80, 84, 97–109
Moderne 16
Möglichsein 18, 25
Mönchsasketik 35
Monitor 45–50
Moral des Glücks 35
Moral der Pflicht 35

Moral des Sollens 35
Moral des Wollens 35
moralische Imperative 36
Mortalität 35, 114
Mystik 31
Mythologie 78–96
Mythos 43, 67, 76f., 79f., 82f., 90–96, 99, 105–107

Nachdenken 44
Nachricht 43, 109
Natalität 114
Natürlichkeit 92
Natur 15, 18, 40, 68, 78, 80, 86, 91, 94, 96
Naturalismus 10, 24, 76, 96
Naturdeterminismus 91
Naturtriebe 35
Neokybernetik 68–69
Neuronen 83
Neutrum 37
Neuzeit 34, 46, 103
Nichtigkeit 41
Nivellierung 41
Nutzung 40, 63, 100

Obsession 44
Obskurantismus 96
öffentliche Lebenswelt 14, 15
Öffentlichkeit 39, 73f., 102
Ökologie 20, 36, 40, 64f.
Ökonomie 54, 82
Offenbarung 30, 84, 109
Offenheit 9, 19, 23, 36, 49, 98f., 102, 104
Offenheitsbereich 41
Offen-sein 24f.
offene Mitte 24
offene Verhältnisse 25
offene Weite 10f., 96
Online-Datenbanken 113
Online Kultur 114
Oralität 77, 107, 110–112
Orientierung 38

Paradigmenwechsel 51f., 55–57, 59, 62
Perspektivität 61
Personalcomputer 9, 17, 42, 56, 58–62, 65, 72f., 83, 90, 94f.
Pflicht 28, 35
Phantasie 12, 32, 35, 47, 74, 89, 103
Philosophie 22, 24f., 30, 33, 41f., 52–54, 58, 61, 63f., 80, 84f., 99, 105, 107f.

planetarische Vernetzung 113
Platonismus 47, 48
Pluralität 38, 43, 97
politisches Handeln 26
politische Herrschaft 26, 16
politische Tugenden 101
Pornographie 38, 108
Positivismus 47
Post 77
Postmoderne 40, 77
Praktiken der Selbstformung 41
praktische Philosophie 54, 58, 61–64
Praxis 17, 26, 29–31, 33, 54f., 58f.
Preis 69
Produkt 47, 49
Profit 44
Programmiersprachen 60
private Lebenswelt 14, 15
Prometheuskomplex 20
Prometheus-Mythos 91
Psychagogik 31
Psychoanalyse 22, 24
Psychoingenieurkunst 81

Quietismus 32

Rationalismus 16, 31, 64–82
Rationalität 34, 39, 47, 64
Realität 29, 39, 46, 48, 94
Redefreiheit 41, 108
Reduktionismus 68, 72
Reflexion 36, 58, 61, 63f., 86, 96
Reinheit 24, 31
Rekontextualisierung 11, 60
Relevanz 70
Religion 79, 110
Restrisiko 20
Rhapsode 106
Rhetorik 30, 73, 75
Rittertum 109
Robotik 19
Rüstungstechnologien 40

Sage 80, 102, 106
Satz vom Ab-Grund 10, 96
Satz vom Grund 10
Schöpfung 79, 85, 91, 99
Schreiben 24, 49
Schrift 76
Schriftkultur 75, 77, 101

Schriftkritik 27, 75, 77
schwache Technik 11, 20f.
schwaches Denken 11
Schwärmerei 10
Schweigen 44, 75
Seele 31, 85–87
Seelenheil 29, 32
Seelenleitung 28, 31
Seinsmangel 114
Seinsfülle 114
Selbstanalyse 24, 29, 31, 34
Selbstbeherrschung 26, 28f., 34, 65, 101
Selbstbestimmung 25, 34, 79
Selbstdeutung 57
Selbstermahnung 30
Selbsterkenntnis 25
Selbstformung 11, 21–36, 41, 63
Selbstgestaltung 29, 43f., 57, 94, 99
Selbstpeinigung 35
Selbstprüfung 30f.
Selbstvertrauen 32
Selektionskraft 44
semitischer Botschaftsbegriff 108
Sender 43
Sendung 43
Sendungsbewußtsein 108
Sequenz 76
Sexualität 97
Sicherheitssysteme 20
Siegesnachricht 104
Sigetik 75
Simulation 38, 57
Simulakren 38, 74
Sinnentwürfe 59, 66
Sinnlichkeit 42, 47, 53f. 89
Sinnzusammenhänge 60
Sittlichkeit 24, 47, 54, 60, 62
Software 39, 56, 61, 65, 76, 88
Softwareentwicklung 60
Software–Design 61, 73
Software-Werkzeuge 60
Sokratische Exerzitien 26
Solidarität 65
solipsistische Techniken 36
Soll-Sätze 41
Sorge 13, 25, 41, 94, 100
Sorge um sich 26f., 43
soziale Systeme 56
soziale Verpflichtungen 59
Spiritualität 25, 33

Spontanietät 30, 93
Sprachspiele 37, 99
Spreng-Satz 11, 18–21, 67, 96
Staatsmacht 38, 43, 57
starke Technik 20f.
Sterblichkeit 78, 104
Stille 31
Stimmungen 14
Stoiker 34f.
Strafe 35
Strukturwissenschaft 56, 58
strong AI 88
Strukturwissenschaft 56
Subjekt 40, 57, 63, 71
Sub-jekt 24
Subjektivismus 16, 59
Substanz 16, 80, 85–88
Supercomputer 81
Superintelligenz 88, 96
Symbolverarbeitung 69
Synergetik 68

Tapferkeit 65, 101
Tauschwert 70
Technik 20f., 34, 36, 50f., 57f., 60, 64f., 71, 82, 94, 96
Technikbegriff 57, 62
Technikfolgeabschätzung 57
technische Systeme 20f.
Technizismus 76, 96
Techno-Imaginäres 45–50
Technokratie 13, 21
technokratische Gesellschaft 40
technokratische Vorstellung 16, 17
Technologien des Selbst 11, 24f., 29, 36f., 41–44, 52
Technologien der Macht 24, 41
Technologien der Produktion 24
Technologien von Zeichensystemen 24
technologische Lust 92
technologische Mythen 12, 76, 81
technologisches Zeitalter 38
Technostruktur 72
Techno-Traum 48
Technozentrismus 10f., 15–18, 24
telefonieren 42, 49
télécité 38, 107
Teleunterhaltung 42
Theologie 22, 25, 80, 108
Theorie 27
Theozentrismus 18
Tod 13, 27, 44, 50, 86, 104

Todestechnik 60
Tradition 72–76, 100
Training 30
transzendentale   Kommunikationsgemeinschaft 71
transzendieren 76f., 82, 92
Traum 16, 27, 33, 82, 93, 96
Traumdeutung 24, 28
Traumwelt 49
Tugend 35, 62–67
Tugendübung 35

Über-Ich 43
Überlebenskunst 44
Übernatürliches 24, 47
Übersinnliches 46f.
Überwachungsfunktion 91
Übungen 25, 29, 30, 33f., 36
Umwelt 36
Unbestimmtheit 25
Unglück 27
Uniformierung 38, 40
Universalität 62, 65, 89
Un-Sinn 74f.
Universum 85
Unsagbare, das 107
Unsterblichkeitsphantasien 78
Unterscheidung der Geister 32
Unterwelt 27
Unterwerfung 29
Unwahrheit 47
Urteile 34, 95
Urteilskraft 42, 74, 84
Utilitarismus 12, 74
Utopie 77

Verantwortung 25, 51, 57, 62f., 65, 92–96
Verchristlichung 25, 29, 33, 35
Verfallenheit 49, 74
Verhaltensweisen 28, 101
Vertifizierung 19f., 51
Verkündung 103–105
Vernetzung 9, 11f., 37, 63, 73, 97, 99, 113
Vernunft 34, 37, 41–45, 53f., 80–85, 92, 94–96, 110–113
Vernunftideen 92
vernünftiges Tier 53, 78
Verpflichtungen 27
Verstand 34, 42, 47, 53f., 84, 89, 91, 93
Verstehen 66, 68, 72, 74, 76, 95

Verstehenshorizont 72
Verwaltungsfunktion 91
Verweisungstechniken 76
Video 45–50, 113
Visionen 13, 84
Virtualität 48–50
Visualisierung 73, 75
Vollkommenheit 24
Vorstellungen 48, 53, 74, 89
Vorurteile 33f., 64
Vorverständnis 89

Wachsamkeit 27, 31
Wahnsinn 31, 53
Wahrheitsprüfung 41, 52
Wahrheitssuche 105
Wahrnehmung 47, 73f.
Wahr-Sagerei 10
Ware 42, 69f.
weak AI 88
Welt-Stadt 113
Weltverhältnis 21, 37, 64, 75
Weltvernetzung 77, 88
Weltverzicht 29
Werkzeug 59–62, 65
Wertformanalyse 69–72
Wettstreit 105
Widerspruch 34f., 37, 41, 52
Widerstand 20, 43, 44

Widerstreit 37, 41, 43f., 49, 52, 54f., 66
Wiederkäuen 30
Wille 26, 34, 63, 86, 89–92
Wirklichkeit 39, 44, 48, 95
Wirtschaft 16, 42, 51, 113
Wißbegierde 41
Wissenschaft 14–16, 20, 51–54, 56, 59, 61, 113
wissenschaftliche Erkenntnis 20
wissenschaftliche Lebenswelt 14f.
wissenschaftliche Vermutung 84
wissenschaftlich-technische Revolution 57
Wissenschaftstheorie 20
Wissensmonopol 37
Wissensverarbeitung 69
Witz 84, 108

Zeichen 24, 42, 49, 75, 90, 109
Zeichensysteme 24
Zeit 38f., 49, 87f., 90
Zen-Buddhismus 45
Zen-Parabel 45
Zensur 112
Zirkulationsprozeß 70
Zivilisation 90
Zurückgezogenheit 32
Zwang 25, 27
Zweifelstechnik 34
Zynismus 38, 41–44

Verzeichnis der griechischen Begriffe

agon 105
agora 99, 106
aisthesis 73–75
angelia 99, 103–105, 108–110
angello 103f.
angelos 79, 103f., 107
angelos tou kyriou 79
arrheton 107
askesis 29

baxin 104

daimon 79f., 96

eidola 46
eidos 110
eikota mythos 80
epimeleia heautou 22, 26
erastes 96
eromenos 96
ethos (mit epsilon) 54
ethos (mit eta) 54
euangelion 108f.
eutychia 109
eu zen 23, 107
exagoreusis 31
exomologesis 31

gignosko 103, 105f.
gnothi sauton 26

hermenea 106
hesychia 31

idea 110

katechiomenoi 106
kerux 103
krisis 105

logos 27, 99, 105–107, 109

martyr 104
mechane 74
morphe 110
mythos 103, 105, 107

nous poietikos 80

paideia 46
parrhesia 41, 108
periagoge 46
phantasmata 46
phatin 104
philosophia 29, 99, 105
phronesis 23f., 63
poiesis 58
polis 25, 27, 107, 110
praxis 54, 58
procheiron 27

semaino 104, 109
smikron 9
sophia 99, 105
soteria 109

techne 14, 24, 58, 106
techne tou biou 23
theia dynamis 106
theia moira 106
theos 79
typos 110

Verzeichnis der lateinischen Begriffe

adaequatio intellectus ad vitam 41
adaequatio intellectus et rei 41
amor cognitionis 99
amor scienciae 99
ancilla hominis laborantis 61
ancilla theologiae 25, 108
animae orbium 85
animal rationale 78
animal sociale 81
animus strenuus 35
animus hilaris 35
appetitus intellectivus 91
appetitus sensitivus 90f.
ars 14
ars erotica 28
ars vitae 23, 44

casualia 89f.
compositio loci 30
conceptus mentis 89
concordia discors 52, 62
corruptio 87
creatio 85, 87
creaturae incorporales et immateriales 86
cultus animi 100
cultus vitae 100
cupiditas discendi 100f.

delectatio 91, 92
dilectio electiva 90
dilectio naturalis 90
discordia concors 52, 62
dispositio 73
docta ignorantia 93

esse 86f., 101
essentia 86f.
examen conscientiae 30
exercitia spiritualia 22

exercitiorum virtutum 35
existentia 87
ex quo est 86

forma 86
fortuita 89f.

gaudium 91f.
generatio 85

homa faber 81, 94
homo faber sui ipsius 92
homo informaticus 51, 78
homo laborans 17
homo rhetoricus 73
homo rhetoricus informaticus 73

imaginatio 47
informare 109
informatio 87
intellectus agens 88
intellectus possibilis 88f.
intelligentiae separatae 80, 84f.
intelligibilia 88
inventio 73

levamentum miseriarum 100
loci communes 30
locutio exterior 89
locutio interior 89

materia 86f.
motores proximi 85
motores remoti 85

nuntiare 101

objectum proprium 91
obstaculum 89

Verzeichnis der lateinischen Begriffe

ordines 91

persuasio 73
phantasmata 46
philosophia 29
petitio principii 63
potentia 86f.
praemeditatio malorum 27, 29
praemeditatio mortis 27
principium individuationis 86
productio 85
prudentia 23 ,63

quidditas 86
quod est 86

ratiocinatio 47

sacra doctrina 109
signum sensibile 89
studium 34
sub specie aeternitatis 79
sub specie intelligentiae artificialis 79
substantiae intellectuales 85f.
substantia separatae 85f., 88
superiores substantiae intellectuales 86, 89

tranquillitas animi 28f., 31

usum 34

verbum interius 89

Personenverzeichnis

Achilles, D. 56
Aischylos 104
Alexander d. Große 78
Al-Gazali 47
Alkibiades 26, 80, 105
Anders, G. 92
Anscombe, G. E. M. 83
Apel, K.-O. 63, 71
Archimedes 100
Aristophanes 100, 108
Aristoteles 23f., 41, 47, 54f., 58, 63f., 80, 85, 87f., 106f.
Artemidor 28
Aubenque, P. 80
Aubert, J.-M. 85, 91
Auer, J. 86
Augustinus 33, 102
Averroes 47, 85
Avicenna 87

Bahr, E. 78
Baier, P. W. 56
Bammé, A. 57
Bar-Hillel, Y. 72
Basil von Cäsarea 30
Baudrillard, J. 38, 74, 94
Bauer, F. L. 55f.
Benjamin, W. 97f.
Bien, G. 55, 58
Blank-Sangmeister, U. 101
Blumenberg, H. 93
Bolz, N. 76f.
Borsche, T. 42
Boss, M. 68
Brauer, W. 56
Brinker, H. 45
Brun, J. 82
Budde, R. 60

Bultmann, R. 86
Burckhardt, J. 108

Capurro, R. 10, 20, 23f., 36, 40, 45–47, 55, 60, 62, 66, 68–71, 75, 83f., 87, 89, 95f., 101, 110
Carrol, L. 83
Cassien, J. 31
Churchland, P. S. 17
Cicero 99–102, 105
Colli, G. 107
Coy, W. 56f., 61

Darwin, Ch. 81
Demokrit 100
Dennett, D. C. 81
Derrida, J. 77
Descartes, R. 16, 22, 33f., 53, 108
Diels, H. 105
Dittrich, Y. 57
Dretske, F. 72
Dreyfus, H. L. 90, 95
Dreyfus, S. E. 22, 95
Duhem, P. 85, 87

Eldred, M. 69, 71
Empedokles 52
Epiktet 22
Epikur 28, 35
Eurich, C. 40
Euripides 104f.
Ezechiel 79

Fahrner, R. 102, 109
Flasch, K. 47
Flores, F. 18, 58f., 61, 66, 83
Floyd, Ch. 18, 60, 61
Flusser, V. 49f., 77, 94
Foerster, H. v. 60f.

Foucault, M. 11, 22–28, 31, 33, 41f., 44, 49, 96f., 108
Friedrich, V. 42
Frisch, A. 46

Gadamer, H.-G. 59, 72
Ganzhorn, K. E. 56, 60
Gebser, J. 80
Girill, T. R. 75
Goethe, J. W. v. 11
Gondek, H.-G. 96
Goya, F. 96
Gregor von Nazianz 30
Gregor von Nyssa 30
Gumbrecht, K. U. 75f.

Habermas, J. 24, 39f., 63, 71
Hadot, I. 108
Hadot, P. 22, 25, 27, 29, 30, 33
Haefner, K. 68
Haller, M. 43
Hamann, J. G. 112
Haneke, M. 46
Hastedt, H. 57
Hegel, G. W. F. 37, 91
Heidegger, M. 10–12, 18, 25, 41, 47, 59f., 64, 66, 70f., 74–76, 96f.
Heim, M. 113f.
Heraklit 105
Herder, J. G. 78
Hesiod 79
Hevenesi, G. 31
Hinderer, W. 56
Hofstadter, D. R. 81
Homer 79, 100, 102, 104f., 106, 108
Horaz 52
Hottois, G. 94
Huber, P. 79
Humboldt, W. v. 42
Husserl, E. 13

Ignatius v. Loyola 22, 28, 30–32
Imhof, P. 31
Ion 106

Jalics, F. 32
Jaspers, K. 94
Jesaja 79
Jesus 79, 109
Joachimides, Ch. M. 50
Johannes Chrysostomos 30

Johannes v. Kreuz 50
Johnson, D. G. 63
Jonas, H. 60, 94
Juranville, A. 76, 96

Kamper, D. 76
Kanazawa, H. 45
Kant, I. 9, 33, 35, 52–55, 62f., 84, 93, 110–112
Keil, G. 57
Kierkegaard, S. 23
Kittel, G. 108f.
Kittler, F. 76
Klee, P. 98
Kleineidam, E. 86
Krämer, H. 35, 44
Krämer, S. 72
Kranz, W. 105
Kreuzer, J. 75
Kuhn, T. S. 51, 56

Lacan, J. 76, 96
Leibniz, G. W. 10
Leidlmair, K. 60
Lem, S. 81
Le Myésier, Th. 46
Lenk, H. 91
Lévinas, E. 11, 96, 113
Lischka, C. 60
Lohse, B. 30
Luft, A. L. 57
Lull, R. 46
Luther, M. 33, 86
Lyotard, J.-F. 37f., 83, 112

Mann, U. 86
Marc Aurel 22, 27f., 108
Martens, E. 26, 63, 107
Marx, K. 24, 69–71
Maturana, H. R. 17
McCorduck, P. 82, 96
McLuhan, M. 73
Memling, H. 113
Merklin, H. 102
Minsky, M. 39
Montaigne, M. de 78
Moraux, P. 80
Moravec, H. 16, 82, 93f.
Mühe, U. 46
Müller, M. 87

Nettling, A. 16
Niehues-Pröbsting, H. 108
Nietzsche, F. 46f., 76
Nobis, H. M. 79
Nygaard, K. 56f., 59

Oeser, E. 69, 83
Oesterreich, P. L. 73
Ohtsu, D. R. 10, 45
Oury, G.-M. 30

Parmenides 105
Pascal, B. 78
Pask, G. 60
Pfeiffer, K. L. 75, 76
Pindar 104, 105
Platon 22, 24, 26f., 46, 54, 75, 77, 79f., 92, 100, 106–108, 114
Plesu, A. 97f.
Plutarch 105
Popper, K. R. 11, 71
Porphyrios 79
Postman, N. 38
Pseudo-Dionysius 80
Putnam, H. 19, 83
Pylyshyn, Z. W. 17
Pythagoras 100

Rabbow, P. 22, 29–33.
Rabinow, P. 22
Rahner, K. 31, 86, 88f., 92
Rajchman, J. 96
Ratzinger, J. 86
Rohde, E. 79
Rödiger, K. H. 62
Römer, G. 47
Rötzer, F. 46
Rolf, A. 66
Rosenberg, A. 79
Rosenthal, N. 50
Roß, D. 43
Roßnagel, A. 40
Rupprecht, W. 56

Scannone, J. C. 10
Schefe, P. 57, 65f.
Schement, J. R. 109
Schirmacher, W. 21, 60
Schmid, W. 22, 25, 49
Schönherr, H.-M. 20

Scholem, G. 98
Schopenhauer, A. 84
Searle, J. R. 17, 83
Seitelberger, F. 83
Seneca 22, 28
Serres, M. 91, 113
Shannon, C. E. 69
Silvers, S. 17
Singer, P. 64
Sloterdijk, P. 38, 41f.
Sokrates 9, 26f., 80, 92, 96, 106f.
Sophokles 104
Spinner, H. 112
Spinoza, B. 33–35
Stamm, G. 47
Steinbuch, K. 55
Stingelin, M. 76
Szlezák, T. A. 27, 107

Tasinato, M. 30
Thales 92
Thomas v. Aquin 80, 81, 85–91
Trabant, J. 42
Trettin, K. 75
Tufte, E. 75

Valéry, P. 12, 78, 82, 92
Varela, F. J. 17
Vattimo, G. 11, 20, 40, 51, 75, 91, 96
Vico, G. 48
Viola, B. 50, 113
Virilio, P. 38, 74, 107

Weaver, W. 69
Weizenbaum, J. 18, 95f.
Welsch, W. 38, 74
Westermann, C. 86
Wiegerling, K. 64
Wiener, N. 69
Wilmans, C. A. 53
Winkler, A. 46
Winklhofer, A. 86
Winograd, T. 18, 58f., 61, 66, 83
Wittgenstein, L. 10, 99
Wohlfahrt, G. 75

Zemanek, H. 57
Zimmerli, W. C. 51
Züllighoven, H. 60
Zutter, J. 50